強く しなやかな 女性になる 50の言葉

鎌倉カレー女王
伊藤眞代
株式会社エム・トゥ・エム 代表取締役

発行・日刊現代／発売・講談社

ブックデザイン
前田友紀(mashroom design)
編集協力
ブランクエスト

はじめに

今でこそ、無添加食品のニーズは感度の高い人を中心に支持される世の中となりました。しかし、私が父から家業を引き継いだ当初、無添加のカレールーはスーパーにはひとつたりとも並んでいませんでした。

それでも、**丹念に作り上げた美と健康によいカレールーであれば必ず勝機をつかめる**と考えて立ち上げたのが、私たちのブランドです。私は代表取締役社長、弟が専務取締役兼工場長として、姉弟でエム・トゥ・エムを立ち上げました。

鎌倉に居を構えつつ、国内外へ出向いて自社ブランドのよさを広める私は、今となっては「鎌倉カレー女王」のイメージを持たれるようになりました。

しかし実は、もともと馬好きの私。20代の前半には北海道へと渡り、競走馬トレーナーを目指していたほど馬が好きで、馬から教わったことは今の私にも生かされています。

たとえば本章の中で「若い女性同士は敵対する」といった話を記していますが、実は馬も同じなのです。女性のトレーナーとオス馬はうまくいっても、メス馬はそうはいきません。私が世話していたメス馬は、私が乗ると暴れ馬になったこともありました。

また、しなやかであることの大切さも、馬から教わったことのひとつです。

あなたは、馬の肉体に触れたことがあるでしょうか。草食動物とは思えないほどたくましい筋肉を持ちながら、驚くほどにやわらかいのです。競走馬があれだけの瞬発力を発揮できるのは、筋肉のたくましさとやわらかさの双方を兼ね備えているからに他なりません。

ただ筋肉を養うだけでも、やわらかいだけでも、速く走ることは不可能。しなやかであるからこそ、馬は速く、そして美しいのです。

馬のようなしなやかさは、私たちが仕事に向き合う上でも重要なポイントだと思います。

思わぬミスをしたり、人間関係がうまくいかなかったり、スキル不足ゆえに自己嫌悪に陥ったり、仕事でうまくいかないと感じることは誰にもあることです。もちろん私だって、うまくいかないことがあるのは日常茶飯事です。さらにいえば、多額の借金とともに家業を引き継いだ直後は、おそらくほとんどの方が経験しないような壮絶な日々が続きました。仕事に打ち込みすぎたがゆえに招いた脳梗塞という病も、私の人生において語らずにはいられない大きな出来事です。

小さなことも大きなことも、私の人生にはさまざまな障害が立ちはだかりました。

それでも私は、何度でも立ち上がり前進する——。転んでも倒れても立ち上がって前進することを繰り返した今、思うのは、**立ち上がるのも前進するのも「しなやかさ」が大事**であるということです。

すべてを正面から受け止めたり、ただ立ち向かったりするだけでは、心も体ももちません。そうではなく、しなやかに向き合えば、どんな障害が立ちはだかっても、もっと楽に乗り越え、むしろもっと高く翔ぶためのバネに変えられると思うのです。

本書では、強くしなやかに生きるための私なりの考えを、「マインド」「仕事」「習慣」「家族」の4つの切り口で記しました。

最初から順番に読み進めるのでもいいですし、心に悩みを抱えるたび、手に取ってパラパラとめくり、ピンときたものをじっくり読むのでも構いません。

ただ、ひとつお願いしたいのは、**読んだ後に今の自分を改めて見つめる時間を**

持ってほしいということ。

私の言葉は、あなたという人生のパズルを完成させるための一助にはなり得ても、一つひとつのピースを置くのはあなた以外にはいません。

ピンときた言葉を読んで自分を見つめると、自然とあなたの身近なものへの感謝の気持ちが湧くこともあるでしょう。その感謝の気持ちもしなやかさを身につける重要なポイントだったりもするのですが、その詳細は本章に譲りましょう。

読んでは自分を見つめ直す、ぜひこれを繰り返してみてください。きっと同じ項目も、悩みの内容によって響き方が変わるはずです。

次第に、自分自身がどんどん強く、そしてしなやかになっていくのを自覚できるようになるでしょう。

Contents

はじめに …… 3
Introduction 二度のどん底を経験しても私が落ち込まない理由 …… 13

word 01-12

マインド編 …… 21

01. 「3」の魔力 …… 22
02. 小さくてもいいので常に目標を持つ …… 24
03. でんでん虫を目指す …… 26
04. 心のコップの水を増やす …… 30
05. 「オアシス」で謙虚さを磨く …… 34
06. 自信を養う …… 38
07. 新しいことにチャレンジし続ける …… 44

08. 自分の弱さに打ち勝つ方法 …… 46
09. 誰しもトラブルや悩みはある …… 50
10. 「ケ・セラ・セラ」マインド …… 56
11. 人生は、自分の思った通りに進んでいる …… 60
12. 何を選択しても正解！　人生に大凶はない …… 66

仕事編

…… 69
13. 無知は強み …… 70
14. 勉強は裏切らない …… 74
15. マルチタスク力を鍛える …… 78
16. ゼロ視点＋直感で決める …… 80

word

13–31

17. アピールポイントは2つに絞る …… 82
18. 心の中で「りんごの木」をイメージする …… 86
19. 何度も壁に当たるのは失敗のサイン …… 90
20. 根性と変化球 …… 94
21. いいものも、押しつけては逆効果 …… 98
22. 成功の横展開は時に失敗のもと …… 102
23. 環境は自分の姿勢ひとつで変えられる …… 104
24. コミュニケーションは「対面」一択 …… 108
25. 人間関係の不和で我慢しない …… 112
26. 適材適所を知る …… 118
27. 自分の都合を理由にしない …… 120
28. トラブルは即対応でチャンスに変わる …… 124
29. 時にはハッタリも有効 …… 130
30. 相手を喜ばせてナンボ …… 132
31. 叶えたければ、大切な人に宣言する …… 136

word

32-43

習慣編

…… 139

32. 枕元にペンとノートを置く …… 140
33. 好き・嫌いの感覚で世界を広げる …… 142
34. 縁を大切にする …… 144
35. 自分らしさを色で演出する …… 148
36. 1日1回、自分と向き合う …… 152
37. 毎朝、空を見上げる …… 154
38. 健全な身体は、健全な食からつくられる …… 156
39. 朝1杯の薬膳スープカレーを …… 160
40. 気持ちを穏やかにする場所を持っておく …… 162
41. 頻繁に休む …… 166
42. 体の黄色サインを見逃すな …… 170
43. 継続すればどんなことでも強みになる …… 172

word

44–50

家族編

家族編 …… 177
44. 先祖を知る …… 178
45. 父の導き、母の愛 …… 182
46. 幸せを家族に見いだすと幸福度が上がる …… 186
47. 子どもを厳しく育てる …… 190
48. 子どもの失敗は包み込む …… 194
49. 障がいは個性 …… 198
50. 後悔は未来へ、空へと翔ぶ糧になる …… 200

Final chapter
私もあなたも、未来は明るい …… 205

おわりに …… 210

Introduction

二度のどん底を
経験しても
私が落ち込まない理由

強くしなやかに生きる

あなたの人生も私の人生も、もちろん唯一無二。誰一人として、人と同じ人生を歩んでいる人はいませんし、それぞれに貴重な経験やエピソードがあります。

それでもやはり、私は特に稀有な人生を歩んでいるほうなのではないかと思えてなりません。


それは、どん底を二度経験しているから。

一度目のどん底は、父から事業と負債を引き継いだときです。28歳で女社長となり経営に心血を注いだ――とだけ聞くと、華やかなイメージを持つ人もいるかもしれませんが、**抱えた借金は1億5000万円**に及んでいました。

あのころのプレッシャーがどれほど大きかったかは、同様の経験をしたことがなければ想像できないはずです。

借金をどうやって返していくか、社員の給料はどうするかと、目の前の資金繰りを考えるだけで心労がすごいのに、私にとって食品業界は新たなフィールドで、わからないことだらけ。とはいっても学びに100パーセントの時間を注ぐ余裕はありませんので、仕事をしつつ専門書から学び、もはやオンもオフもないほど頭の中は仕事でいっぱいでした。

もちろん、コネクションだってありません。業界内で友人をつくらねばと、名刺から代表取締役という肩書きを削除したりもしました。いいと思ったことは何でもやる気持ちで、全力で走り続ける日々でした。


二度目のどん底は47歳のときです。心臓の血栓が原因となって、私は脳梗塞になりました。

脳梗塞になる前日は、ちょうど出張に出ていました。心臓が少し痛みはしたものの、それ以外に違和感はありませんでした。しかしその翌日、夜にお酒を飲んだらいつも以上に早く酔いが回ってしまったのです。その日は、長男におぶってもらって帰宅しましたが、このときすでに脳梗塞になっていました。

帰宅後はベッドに寝かせられ、家族は「眠っているのだろう」と思いそのままの状態でいました。救急車で病院に運ばれることになったのは、倒れた日の翌日です。寝ているにしてもさすがに長すぎるとなり、発覚となりました。このときすでに脳梗塞発症から16時間が経過していました。

そこから3日間、私の魂は浮遊したり肉体に戻ったりを繰り返しました。

眠っているにもかかわらず、記憶が断片的に残っています。私をおぶった息子が「お母さん、今ちょっと軽くなったな」と言っているシーンは、まさに幽体離脱の状態で上から見下ろしていました。医師が親族に、「仕事はもうできないでしょうね」と話している光景は、今でも目に焼き付いています。

幽体離脱の目線は、地上から2~3メートルほどでした。ちょうど天井ぐらいの高さで、これまで生きてきた中では一度も見たことのない景色です。

そのときは幽体離脱しているという自覚はありませんでしたが、異質な状態であることは感覚としてわかりました。ちなみに肉体に戻ると、強い痛みが押し寄せてきます。

病院へ向かう車中では、少しずつ天国に近づくような感覚にもなりました。自分自身が、どんどん上空へと向かっていくのです。高く進むほどに辺りは暗くなり、しばらくすると川が出てきました。

真っ暗なので、周りに何があるかはわかりません。ただ、川がとても大きいこと、そして川の向こうに母がいるような感覚がありました。

母に会いたい気持ちもあり、私は少しずつ川を渡っていきました。すると**突然、「ダメだ」という声がした**のです。声の主が誰なのかは定かではありません。母のような祖母のような感じはしましたが、「ダメだ」という声を聞き、私は「こんなところにいる場合ではない」と感じたのです。

同時に私自身が川の中にズブズブッと入っていき、救急車の中で横たわる自分を空中から見下ろす状態にシーンが切り替わりました。

おそらく、あの川は三途の川だったのでしょう。水がとても冷たかった感覚が、今でも残っています。

目を覚ましたとき、自分が自分であることを認識できたのは幸いだったといえるでしょう。しかしだからこそ、事態の深刻さも理解できました。

思うところはいろいろとありましたが、最も後悔したのは子どもたちを残してこのような状態になってしまったことです。子どもたちが会社関連の対処をしてくれていることはわかりましたし、何よりとても心配をかけていることを痛感しました。

後遺症も、決して軽いとはいえません。特に言語面で重い後遺症があります。もともと勉強好きだったためか、漢字や英語、数字はわかるのですが、**ひらがなとカタカナが理解できません。**

たとえば動物園のイラストを見ても、Ｚｏｏという言葉しか出てこないのです。数字は、小さい単位ほど違いを認識できず、５００円と４０００万円のどちらが大きいかがわかりません。億などの大きい単位をつけるとわかることもあるのですが、今なお困難な状態が続いています。

もちろん、リハビリもつらく苦しいものでした。メンタルはタフなほうだと自負していましたが、それでも自死を考えたことは一度や二度ではありません。

私を救ったのは子どもたち

いずれのどん底も、経験のある人はごくわずかでしょう。控えめに言っても、とても厳しい試練だったと思います。

それでも私がつぶれなかったのは、子どもたちを育てなければいけないという使命感があったから。具体的にどのようにして苦難を乗り越えたかの内容は本章に譲りますが、私を這い上がらせてくれたのは、紛れもない子どもたちです。

とてもつらく苦しい経験ではありましたが、私はいずれのどん底もマイナスには捉えていません。なぜならすべて、私自身を成長させる糧になったからです。
私は二度のどん底を経験したからこそ、**強くしなやかに生きる方法を身につけられた**と考えています。精神的な強さ、そして試練を受け流せるだけの柔軟性を得られたのです。

どんな人も、生きる中ではさまざまな壁にぶち当たるでしょう。どれだけ大きな壁であっても、回避せずに向き合わなければならないときは必ずあるのです。

しかし、正面から向き合ってそのまま受け止めては、大きなダメージを負ってしまいます。一方、しなやかさをもって衝撃を緩和できればダメージを最小限に抑えられるのです。

それはまるで、筋肉質でありながら、すごく柔らかな肉体を持つ馬のように。
強さとしなやかさを身につければ、瞬発力が生まれます。

次章以降で紹介するのは、強さとしなやかさを身につけるための具体的な方法です。1つずつ取り入れるほどに、**人生を駆け上がる速度は上がり、想像以上に遠くまで翔べるようになる**でしょう。

01–12

強くしなやかな女性になる
50の言葉

マインド編

MIND

No.01 「3」の魔力

私は、3という数字を大切にしています。新しいことに取り組むときは、3が特に大事。新規営業に行くのも3回までとしています。営業のアプローチを、**3日に1回ペースでかけたら、3カ月後に契約を取れる**といったジンクスもあります。

父から事業を引き継いだときも、3年取り組んで軌道に乗らなければ、会社を畳む覚悟を決めました。「石の上にも三年」という言葉もあります。

3年経ってもまだ31歳、まだ新しい人生に切り替えられるとも思っていました。

3を重視するのは仕事ばかりではありません。ダイエットでも、3日で300グラム減を目指したり、10キロ減を3年先の目標にしたり。プライベートでも、3ばかりです。

1回や2回では、判断するには不十分で、1日や1年では短すぎる、そういった理由ももちろんありますが、「3」には特別な何かがあるのです。

挑戦する期間や回数の目安は、3で設定すること。そして目標を3段階で設定するのも有効です。

ちなみに、今の私の目標は、3年後に新工場を設立すること。そのために3日後、3カ月後の目標を持ち、日々仕事に取り組んでいます。

3には確実に、魔力があるのです。感覚ではありますが、私は確信しています。

3の魔力を味方につけると、きっと今以上に願いが叶いやすくなるはずです。

No.02

小さくてもいいので常に目標を持つ

やりたいこと、なりたい像は、人によって異なります。どんな夢を抱いているかはもちろんのこと、その夢を叶える難易度も千差万別だと思います。

言わずもがな、高い目標は達成するまでの道程が険しく、「自分には無理なのでは」「まだ早いのでは」と諦めたくなることもあるはずです。

目標を追い続ける中で心身が疲弊すると、むしろ目標を持たずに自由気ままに生きるほうが幸せなのではないかとの思いが湧くかもしれません。

自由気ままに生きるのも、もちろん悪いことではありません。しかし、**目標を持つことをやめるのだけはいけません。**

なぜなら、目標がなくては人生に張り合いがないからです。私も、スムーズに進む商談ばかりでは武者震いしませんし、何より暇になってしまいます。暇ほどつまらないものはありません。だから私は、目標が叶ったら必ず新しい目標を設定するようにしています。

今掲げている目標が大きかったり遠かったりして心がつらくなったら、もっと小さい目標をつくるのです。

どんなにちっぽけでも構いません。 1時間だけ集中して仕事に取り組む、15分だけランニングすること、それだって立派な目標です。

目標は、心にエネルギーをもたらす灯火《ともしび》。小さくても、必ず自分自身を照らしてくれます。決して、目標という心の灯火を消してはいけません。

No.03

でんでん虫を目指す

「でんでん虫を目指すんだよ」とは、脳梗塞後のリハビリ中に長男からもらった言葉です。でんでん虫、つまりカタツムリは動きこそ非常に遅いものの、**前にしか進まない**ことを知っていますか。このときから私は、前進志向でいるパワーワードとしてでんでん虫を目指すという考えを、心の中で抱き続けるようになりました。

そもそも私は、過去を思い出して悔やむことはあまりありません。しかし、さすがに脳梗塞になったときばかりは、過去を悔やまずにはいられませんでした。

しかし、過去も大事ではありますが、縛られすぎていいことはありません。過去は変えられないのです。

前を見たいとき、過去は時として足かせになり、時代に置いていかれます。できるのは、**今現在の行動を変えることだけです。**どんなに悔やむことがあっても、1日1日、そして今この瞬間を頑張るしかありません。

今この瞬間は、すぐに過去になります。今にフォーカスするほど、より良い明日へとつながるはずです。


とはいっても、冷静になり、自分自身の今を見るのがどうしても難しい。そんなときは、**自分が幸せになるにはどうするべきかを考えてみてください。**

幸せになるのは、前に進むこと。きっと、でんでん虫的な選択肢が示されます。

過去の棚卸しが不十分なら、当時どうすべきだったかを、思い当たるだけ書き綴るのもいいでしょう。ひと通り書き出したら、その中から今できることを探し出して実行するのです。

選んだものが、今自分のやりたいことの本質ということは、意外とあります。

また、岩盤浴をしたり筋トレをしたり、肉体に働きかけるのもおすすめです。なぜなら、過去を見ているときは、たいてい頭が優先してしまっているから。**体にフォーカスすると、まるでテトリスをやっているように、頭が少しずつ整理できます。**

今思い返すと、私の赤ちゃんのころの写真を貼ったアルバムにも、「眞代、前進しろ!!」という言葉が記されていました。

迂回せずにひたすら前進するのは、父から私、そして息子へと受け継がれたものなのかもしれません。

前に進み続けるのは、何事も自分で乗り越えるということと同義です。最初は障害物として立ちはだかったものも、一度乗り越えてしまえば、二度目に出合ったときは障害物と感じなくなります。

小さい石、大きい岩、いろいろな障害物があるでしょう。しかし、でんでん虫はどんな障害物であっても決して迂回せず、常に前に進み続けます。同じように人間も、前進し続けるのです。

逃げては成長できませんし、いっときなくなったように見えても**いずれまた同じようなものが障害物として立ちはだかるもの。**どうすれば前進できるかを常に考え続ければ、どんなものでもいずれ越えられるときが訪れます。

「チャンスの神様には前髪しかない」ということわざがありますが、前髪だって迂回していては決してつかめません。

どんなときでも前進志向。これは人生を豊かにするために欠かせない考え方だと思います。

No.04 心のコップの水を増やす

左に記したのは、２０２４年４月から社内に掲示し始めた「社長の言葉」の第１回目です。これは、社員に一番知ってほしいこと。同時に、きっとあなたの役にも立つと思い、本書にも記すことにしました。

心のコップの中にある水は、感謝です。**コップの水は、人に感謝する、あるいは人から感謝されることで増えます。**

心のコップは、人によってはマグカップのこともあれば桶ということもあるでしょう。

しかしコップを大きくする唯一の方法は、コップから水を溢れさせることだけです。

【心のコップ】

心のコップには「水」が入っています
心のコップに「水」が少ない状態だと、自己否定感が強くなったり
自分に自信が持てなくなったり
他人の目が気になったりと
心の状態が悪い方向へ進みます
その状態だと、仕事や人間関係がなかなかうまくいきません

つまり、心のコップの中の「水」が多ければ多いほど、
良い方向へ進むことができます

コップの中の「水」を増やす＝【感謝すること】

どんどん、人に感謝しましょう。そして人に感謝されることをたくさんしましょう。

感謝は心で念じることもできますが、**できる限り口に出すのがおすすめ**です。ささいに感じるようなことでも、積極的に「ありがとう」と口にしましょう。

「普段から言いすぎると、ここぞというときにありがとうの気持ちが伝わらないのでは」と思うのはナンセンスです。どれほどの深みをもって感謝の気持ちを伝えているかは、言い方や表情から自然と醸し出されるもの。相手にはきちんと伝わりますので心配無用です。

昨今は、物を買ったときに「ありがとう」と口にするのはおかしいと考える人もいるようですね。初めて聞いたときは、とても驚きました。「受け取った物の対価はお金で払っているから」という理屈だそうですが、大切なのは対価うんぬんではなく、感謝の気持ちを持っているかを、いかに表現するかでしょう。

「ありがとう」という言葉は、常に自分とともにありたいものです。

あなたにも、当たり前の日常の中で埋もれているような、感謝の対象はありませんか。仕事先では同僚や上司、部下、そして取引先にと、感謝を伝えるべき相手はたくさんいます。

もっと**身近な人への感謝もないがしろにしてはいけません。**両親や家族へ、最後に「ありがとう」と言ったのはいつでしょう。卓上の醤油差しを渡してもらったとき、子どもが洗濯物を一緒に畳んでくれたときも、やって当然ではありません。特に親へは、今まで育ててくれたこと、そっと見守ってくれていることも「ありがとう」でしょう。

「ありがとう」の瞬間は、挙げればきりがありません。どんどん口に出して、心のコップの水をどんどん増やしてください。

No.05

「オアシス」で謙虚さを磨く

謙虚であることも、私が日頃から大切にしている姿勢です。そもそも感謝の気持ちも、謙虚さがあるから生まれるものでしょう。

謙虚さを育んでくれるのが、「オアシス」の挨拶です。

・オ　おはようございます

・ア　ありがとうございます
・シ　失礼します
・ス　すみませんでした

オアシスの挨拶の意義は、どこかで誰かが語っていたのですが、今となっては誰が言っていたのか覚えていません。それほど長いこと、私の中では大切にしている価値観です。

朝、仕事を始める前に「おはようございます」。仕事中は「ありがとうございます」「すみませんでした」を意識し、退社する際に「失礼します」と言うのを習慣づけるのは、従業員にもすすめています。

残念ながら、これらの挨拶ができない人、謙虚さに欠ける人は増えているように感じています。現に取引先でも、謙虚さが足りないどころかずうずうしいと感じる人は少なくありません。

仕事では会社のためになりたい、売上目標を達成したいなどさまざまな思いが湧いて当然ですが、**感情が先に出てしまうと謙虚な心が邪魔される**ので注意が必要です。

何より、謙虚さに欠けると人が離れていきます。謙虚さが欠けていると信頼されませんし、そもそもコミュニケーションがうまくいきません。

もし、会社であまり人に慕われない、仲のいい友人がいないと悩んでいるなら、オアシスが欠けていないかを見直してみるといいでしょう。一番わかりやすいチェックポイントは、**自分から先に挨拶ができているか。**自分から挨拶の言葉をかけられていたら、謙虚な心はそこそこあると思ってオーケーです。

たかが挨拶、されど挨拶。十分にオアシスを発せていたなら、人間関係は大抵スムーズにいくはずです。

特に、プライドがあると「すみませんでした」と発するのがはばかられるかもしれません。注意したいのは、役職についたばかりのとき。威厳を出そうとしてオアシスが欠けることがありますが、オアシスをなくしては威厳はつくられません。むしろ上司から挨拶をするほうが、度量があると思われるのではないでしょうか。

もちろん、不必要なときまで「すみません」を口にする必要はありませんが、役職者だって間違うことはありますし、間違ったら「すみません」と言うべきです。そうしないと、部下がついてきません。

オアシスを見直せば、日常に必ず変化が生じます。

たとえ相手が謙虚でなかったとしても、自分が先に謙虚な姿勢を見せると相手が変わることもあります。

私が初めて契約を取りつけたスーパー「もとまちユニオン」の店長の心を開いたのもオアシスでした。最初は塩対応でしたが、めげずに挨拶を重ねるうちに、少しずつ信頼してくれるようになったのです。

No.06

自信を養う

自信がないと嘆く人も、とても多いように感じます。しかし、自信ゼロは百害あって一利なし。

どう行動すべきか、どのような思考を重視すべきかを迷うと、優柔不断になります。優柔不断だと判断が遅くなり、なんとか判断しても、**良い判断をできたか自信がないため、なかなかスピードを上げられません。**

自信がないのは、明らかにデメリットだらけです。

自信を持つと、自分自身に芯が1本通るような感じになります。**0か100かも、恐れずに判断できるようになる**のです。

私が自信を持っていてよかったと感じた瞬間はさまざまありますが、最も鮮やかに記憶しているのは、新工場の建設を決意したときのこと。

エム・トゥ・エムが最初に使っていた食品工場は、もともと倉庫として使われていた場所でした。設立当初は売り上げをつくりつつ経費を抑えるのが最優先でしたので、ちょうどよかったのです。しかし注文が増えるに従って手狭となり、生産のキャパシティがニーズに追いつかなくなりました。

旧工場は30年使い続けていたので、耐震面や衛生上の観点からの不安もありました。東日本大震災は耐え抜きましたが、今後大きな震災が起きたら、倒壊するのは目に見えています。

しかし、新工場の設立には4億円が必要でした。コロナ禍で売り上げが2倍になったとはいえ、当時の年商は2億円弱。特需だとしたら、いつまた売り上げが下がるかわかりません。新工場は投資であるとはいえ、そう簡単に決意できるものではありませんでした。

２０２０年1月、ついに建設を決意しました。しかし決めてからも、本当に今このタイミングで正解だったのかとの迷いは消えません。

私の揺らぐ気持ちを支えとなったのが、まさに自信でした。

特に大きかったのは、商品力に対する自信。弟である工場長が作るものは、品質はもちろん味の面でも絶対的に良質ですし、たくさんの失敗を経て試行錯誤の末に生み出されたもの。そして、エム・トゥ・エムでなければ作れない、唯一無二の商品である。そう思うと、自然と自信が湧いたのです。

自分が変わると、周りも動き出すものです。自信が築かれ、迷いが晴れてからは、土地探しに建設の進行と、あらゆることが途端にスムーズに進み出しました。

私が自信を持ちきれなかったのは、新工場の設立を考えていたときだけではありません。ささやかなことでも、自信が不十分であるために判断に戸惑うことはしょっちゅうありました。

しかし今思うのは、**あらゆる自信は多くの失敗に支えられている**ということ。私も経営はもちろん、プライベートでもたくさんの失敗をしていますが、だからこそ強くなれる。そもそも失敗というのは、そのとき必要だから降りかかって来るものです。とすると、失敗という必要な試練を越えたなら、自信を持っていいとは思いませんか。

つまり、**失敗は最高の教科書**なのです。

失敗は痛みや苦しみを伴いますし、避けられるものなら避けたいでしょう。しかし、失敗を恐れてはいけません。むしろ失敗はどんどんすべきです。

失敗を避けるよりも、失敗して気づきを得たり学んだりするほうがはるかに成長できます。

失敗を恐れないためには、理想を追い求めすぎないのも大事かもしれません。もちろん理想はあって構いませんが、理想を求めすぎると自己効力感を得にくく、失敗が怖くなるのです。

しかし、いくら失敗したとしても自分は自分。貴重な自分であることに変わりないので、どんどん挑みましょう。

かといって、即座に自信を持つのは難しいかもしれませんね。自信には根拠が必要ですから。

自信を持ちたいなら、まずはあなたが**これまでやってきた仕事や趣味、プライベートでの取り組みなどを書き出してみる**のはどうでしょうか。案外、他の人にはできないものが見つかるかもしれません。

自分ならではのものを見つけたら、楽しみながら取り組む癖をつけましょう。楽しいという感情は、自信をどんどん大きく、強くしてくれます。

新工場設立のエピソードのように、**自信は他者起点でもつくれます。**

仕事で自信を持ちたいのであれば、仲間や同僚、商品そのものに誇れるところがないか探してみましょう。

会社がこれまで生き残ってきた理由を分析するのもいいと思います。会社の歴史を調べると、未知の発見はきっとあるはず。会社への誇りを自信に変えて取引先に向き合うと、営業力が上がります。

親や家族に目線を向けるのも、もちろんありです。血縁に対する誇りは、オンオフを問わずあなたの自信を育んでくれるでしょう。

ちなみに、自信のある自分に変わりたいと思うときも、「3」を意識するのがポイントです。3日で自分の強みを1個見つける、3カ月で会社への誇りを10個見つけるといったように、3起点の目標を設定して取り組みましょう。

きっと3年後には、ブレることのない真っすぐな自分になれるはずです。

No.07

新しいことにチャレンジし続ける

新しいことにチャレンジし続けようというメッセージは、さまざまな本で語られることです。その根拠としてよく挙げられているのは、「新しいことへの挑戦は、新鮮な気持ちにさせてくれるから」ということ。

もちろん、新しいことへのチャレンジはマンネリ打破になりますし、日常に刺激や彩りをもたらしてくれます。私も、会社を引き継ぎ食品業界に飛び込んだ直後は大変なことだらけでしたが、勉強して少しずつ理解していく過程ではすごくワクワクさせられました。

試食販売をして、消費者の声を初めて直に聞いたときの心の高揚も忘れられません。声を聞くという新しい経験は、チャレンジできることがまだたくさんあるという可能性を感じさせ、私の心は大きく揺さぶられました。

新しいチャレンジの一番の良さは、**自分以外の人にも驚きをもたらす**という点です。

たとえば、スーパーで並んでいる商品は長年売れ続けるものだけに注力するものと思っていませんか。実は、スーパー側は面白いもの、これまで扱ったことのないものを置きたい気持ちがあり、常に新商品を求めているのです。

それもすべて、消費者に意外な驚きをもたらすため。

ちなみに**大手企業のロングセラー商品も、中身は変わらなくてもパッケージのマイナーチェンジは頻繁に行っている**ことを知っていますか。新しい挑戦が、他者に良い作用をもたらすことをよく理解しているのでしょう。

自分にも他人にもプラスに働くことこそ、挑戦することの真の魅力です。

No.08 自分の弱さに打ち勝つ方法

私が、エム・トゥ・エムの代表となり20年以上が過ぎました。当時の私は右も左もわからず、ディズニー映画『ファインディング・ニモ』のニモさながら。幾多の荒波を越えた今は、シャチぐらいまで強くなったかもしれませんが。

とはいっても、弱い部分が完全になくなったわけではありません。今までの人生を思い返すと、**その時々で常に何かしらの弱さを抱えていた**ように思います。

社会人となった22歳のころの私は、生命保険会社で営業職に就いていました。このころの一番の弱みは、女性であるということ。今ほど女性が社会で活躍するような時代ではなく、働く女性に対する世間の目線は総じて冷たいものでした。

経営者となった直後は、やはり借金です。額が額ですので立場がとても弱く、私自身の業界に対する知識・経験不足もあり交渉では弱くならざるを得ませんでした。

借金を完済した後も、社内の不和ゆえに強く生きるのは難しい状況でしたし、その後には脳梗塞と後遺症という壁が立ちはだかりました。

このときばかりは、心がふさがってしまいどうしようもありませんでした。弟が病院に見舞いに来ても、感情が爆発して「あなたのせいで……!」となってしまうような状態。半年間は誰とも会わないように、息子が調整していました。

私は脳梗塞を経験するまで、自分の弱さはウィークポイントであり、克服しなくてはいけないもの、そう思って生きてきました。
しかし、病気を経た今思うのは、**弱みはなくさなくても構わない**ということ。すべては宿命なのではないかということです。

今も、障がいや体力面の衰えなどの弱さはありますが、なくすのではなく受け入れる姿勢で向き合うほうがいいのではないかと感じています。誰がどんな手助けをしてくれようと、**自分自身で弱みを受け入れていなければ、自己否定から抜け出せない**のです。

この気づきを得てからは、「性格が変わった」と言われるようになりました。自分でも、丸くなった自覚があります。周りの人も、私とだいぶ接しやすくなったのではないでしょうか。

弱さは誰もが持っています。知識を蓄えたり自分磨きをしたり、どれだけ武装して立ち向かったとしても、内側にある弱さは決して消えてなくなりはしません。
だからこそ、外側から守るのではなく、自分の弱さを認識するところから始めてほしいのです。

あなたの苦手なことや短所をまずは思いつくままに、自分の弱さとして書き出してみるといいでしょう。書き出したら、すべてを素直に認めます。

私が思うに、その次が肝心！　**弱さを受け止めたら、今度は自分の強みを洗い出して、強みにフォーカスする**のです。

自分の弱みと強みの両方を知ると、ありのままの自分を受け入れる余裕が生まれるでしょう。そうすると、マイナスに傾いていた気持ちも、少しずつポジティブさを取り戻すはずです。

弱さを変えようとすることだけは、絶対にしてはいけません。弱さを無理に変えなくても、あなたにはいい部分がたくさんあります。

むしろ強みを武器にして伸ばすほうが、ずっと心豊かに生きられますし、自分の弱さに打ち勝つ一助となるでしょう。

No.09

誰しもトラブルや悩みはある

みなさんも日々、さまざまな人と出会うと思います。輝かしい人生を歩んでいるように見える人、毎日幸せなことしかなさそうな人も大勢いるでしょう。

しかし、どんな人でもトラブルや悩みはあるもの。トラブルや悩みのない人生を送っている人は、この世に一人としていません。

そもそも人生というのは、そういうふうにできているのです。人は、転んで初めて痛みを知ります。だからこそ、転ばないよう知恵を絞るようになるのです。

実際、私もよく転ぶ子どもでした。自由に育てられたこともあり、とても活発で、小さいケガはしょっちゅうでした。家の屋根に上って遊んでいたときは、屋根から落ちて足を骨折しました。

もちろんケガをするのはとても痛い。しかしそのたびに、どうすればケガをしなくなるかとよく考えたのを覚えています。

遊びでも何でも、**できることは前もってやっておくと焦らずに済みケガをしにくい、手を速く動かしても心は落ち着かせていたほうがいい**など、子どもながらに知恵を絞ったものです。

当時の考えは、大人になった今も生きています。

仕事でもプライベートでも、必ず何かしらトラブルは生じます。つらいときほど、「自分だけではない」と思うのは難しいものですが、この発想を持てれば何とかなるはず。

理想をいえば、笑って開き直れるのが一番です。せめて自分だけでないことに気づければ、心に少しずつ光が差し込みます。

つらいのは自分だけではないと私が気づかされたのは、従業員と行っている年1回の面談の中でのことでした。つまり社長面談です。

とはいっても、私の会社の社長面談は、ざっくばらんに何でも話していいことになっています。すると、出てくる出てくる。

仕事はもちろん、「姉が親のお金をあてにしすぎていて困る」といったプライベートな相談まで、さまざまな悩みを打ち明けられました。

経営者は孤独です。目の前の仕事をこなし、会社をまとめるだけでなく、顧客や取引先のことも考えなければいけませんし、社員の教育や評価という仕事もあります。もちろん私は、家に帰れば母親です。

経営者として突っ走る中、**気づかぬうちに「大変なのは自分だけ」という気持ちがどこか生じていた**のでしょう。

しかし、社員の相談から、つらさや苦しさを抱えているのは自分だけではないこと、一人で悲観的になっている場合ではないことを再認識できたのです。それまで雲に覆われていた空が、パッと開けるような感覚がありました。

同時にうれしくも感じたものです。お姉さんに対して悩んでいる社員には、「お姉さんに今の気持ちを率直に伝えるべき」とアドバイスしました。本人も心の中では同じような気持ちがあったようで、「背中を押してもらえた」と言われました。

誰しもトラブルも悩みもある。それを知ると、小さなことで悩まなくなります。世の中にはいろいろな人がいて、それぞれに悩みを抱えていると思うと、**自分だけの殻に閉じこもることなく、広い視野で物事を見られるようになる**はずです。

それでも悩みが晴れないのなら、周りに働きかける必要があるかもしれません。

たとえば上司との関係で悩みを抱えているなら、一度、噛みついてみるのも手です。社会人になりたてだったり社歴が浅かったりする場合は、言われたことをそのまま受け止める素直さも大切ですが、会社や仕事を理解できるようになり、それなりに成果を上げられるようになったら、反抗も必要だと思います。

なぜなら、上司も一人の人間であり、完璧ではないからです。反抗し、お互いの腹の中を見せ合えれば、どこですれ違っていたかが明確になり、絡まった糸もほどけていくでしょう。

パートナーとの関係に悩んでいるのなら、まずは相手の状況を整える必要があるでしょう。**パートナーは距離が近いがゆえに、自分本位の考えに陥っていることが多い**からです。お酒好きの方であれば、まずは一緒にビールを飲むのもいいでしょう。相手の気持ちが落ち着けば、冷静になって状況を俯瞰できるようになります。

お互いに、自分自身の間違いを認識できるだけの心の余裕をつくれれば、きっとトラブルは解消へと向かうはずです。

中には、世の中の不条理さゆえに落ち込んでいる人もいるかもしれませんね。私も保険の営業をしていたときは、「生保レディ」という言葉があった通り女性のみの環境で働いていたので、周囲にはねたみやひがみが渦巻いていました。

営業成績が部署内でトップになったときは、「体を売っているのでは」と言われたものです。

しかし、そんなときはスルーするのが一番！　私は学生時代から勉強でも何でも一番でなくては気の済まない性分で、何としてでもトップにならねばと夢中になって仕事に没頭していました。もちろん体を売ったことなんてありません。

理不尽な言葉を真に受けて立ち向かうのは、時間もエネルギーもムダにするだけ。取り合うのは無意味です。

ベストな対処法は状況によって異なりますが、心の根っこでは「誰もがトラブルや悩みを抱えている」と思っておくこと。それだけで、状況の改善しやすさがまったく違ってきます。

No.10

「ケ・セラ・セラ」マインド

誰もがトラブルや悩みを抱えている、頭ではそうわかってはいても、どうしても闇から抜け出せないこともあるでしょう。

壁が大きければ大きいほど、ネガティブな気持ちを捨てるのが困難になるからです。

どうしても笑って開き直れないのなら、無理に行動や思考をしなくて構わないと私は考えています。ネガティブな気持ちのままでは、何をやってもおそらく裏目に出るからです。

私も、脳梗塞になった後はもちろんのこと、父が他界したときもどうにも気持ちを切り替えられませんでした。２０２３年のことです。

家族のことで深く落ち込み、悩んだことは数えきれないほどありますが、父が亡くなった喪失感は類を見ません。


開き直れないほどに落ち込んだときは、時間を使って解決するしかないでしょう。よく眠ること。時には、何かに逃げることも必要だと思います。**悩みとは無関係のことに、頭と体を向かせる状況をつくる**のです。

私の場合は、ゴルフに逃げました。ゴルフ三昧の日々では、とにかく歩いてプレーしまくったので、健康にも好影響だったと今では思います。

飲みすぎはいけませんが、お酒に頼るのも悪いことではありません。

とにかく、悩みの対象やトラブルについて、頭で考えるのだけはダメです。頭がいっぱいになっていては、何もいいことはありません。時間がかかっても構わないので、自分の気持ちがおおらかになるまで待つのです。

ゆったりとした気持ちで向き合えるようになるまで、焦ることなく別のことに取り組み続けてください。

ちなみに私は今でも、開き直れないような気持ちになることがあります。

今、一番の悩みの種はやはり金銭関係。鎌倉市は税金が高いですし、新工場を設立したばかりで、生産のキャパシティは増えたものの借金という重圧はやはり重荷です。従業員、そしてみんなの家族の生活を支えつつ走り続けられるかを想像すると、プレッシャーに押しつぶされそうになります。純粋に恐怖ですし、日常的なストレスもかなりあります。

しかし、気持ちがふさぎ込んでいるときは、やはり何を考えても意味はありません。そんなとき、私が思い出すのは「ケ・セラ・セラ」の精神です。

ケ・セラ・セラというフレーズは高校生のときに本を読んで知ったのですが、スペイン語の「Que Será, Será」＝「何か来るなら、来るがいい」という表現から派生した言葉だそう。

日本では、**「なるようになる」**と和訳されることが多いようです。ケ・セラ・セラには、未来について過度に心配せず、今の状況を受け入れようというメッセージが込められています。

行動せずとも、思考せずとも、人生というのはそもそもすべていい方向に進むようにできている。そう思うと、心が少し軽くなりませんか。

同様に、「洒洒落落《しゃしゃらくらく》」という言葉も気に入っています。これは、性質や言動が淡泊で、物事にこだわらないことを指す言葉。

どんなことが起きても、いかに大きな不安に襲われようとも、きっと私は大丈夫。そう思い、大きな悩みこそこだわらずに受け流すことは、生きやすさを得るために欠かせない姿勢です。

No.11 人生は、自分の思った通りに進んでいる

私は父からさまざまな言葉をもらいましたが、最も心に残っているのは次のフレーズです。

「人は誰しも思念した通りに歩む。**前向きに上っていく思念でいなさい**」

ケ・セラ・セラの精神と似たところがありますね。この言葉は、今でも常々、自分に言

い聞かせています。

これまでさまざまなシーンで心の支えとなっていますが、一番助けられたのは、やはり事業を継承した直後です。

代表になった直後の借金は、序章でも記した通り1億5000万円でした。一般的な人生を歩んでいれば、決して抱えるような額ではありません。それまでの私は普通の会社員だったわけですし、心が押しつぶされるのが普通でしょう。

借金を抱えていて最もつらかったのは、支払いたい気持ちは山々なのに支払えないことでした。特に心が痛んだのは、原料を購入している業者への支払いを工面できないこと。**原料を仕入れても、支払えない**のです。支払いが滞ると、原料の納品が止まりました。しかし、原料が仕入れられなければ商品を作れないので、売り上げが立たず借金も原料代も一向に返せないのです。

支払えなくても、原料メーカーに原料を納品してくれるよう頼むしかありません。私は原料メーカーへ行き、土下座をして「支払いをもう少し待ってほしい」と伝えつつ、原料の納品をお願いしました。

最初は、お茶をかけられたりもしました。「お金を払っていないのに、追加で物を出せとは何事か」と言われましたが、ごもっともです。

それでも私は、ただひたすら平謝りするしかありません。家をはじめ、現金化できるものはすべて売っています。それでも借金は半分以上残っていました。

私と弟はずっと無給ですし、手の施しようがありません。心苦しさしかありませんでした。

初対面の私が原料メーカーに一人で赴いたのも、相手の心象を悪くしたようです。原料は製造担当の領域なので、原料メーカーへの対応はそれまで工場長が担っていて、私は初対面でした。

しかしそれでも、赴いてよかったと思っています。支払いのトラブルはその後も頻発しましたが、交渉しつつ少しずつ返済するにつれて、取引先に恵まれていることを肌身で感じられたからです。

完済したのは、3年後のこと。各業者の本社へ挨拶に行き、それまでのお礼をしました。

もちろん交渉はつらいものでしたし、勝算があって事業を引き継いだわけではありません。

ただ、**私はやるしかないと覚悟した**のです。思った通りに進むのだから、前向きに上っていく気持ちでいなければなりません。「歴史があるからきっと大丈夫」という勘だけを頼りに、問題が起きるたび一つひとつ向き合い続けました。

万一、最悪の事態になっても自己破産という手があります。別に、**自己破産しても命を取られるわけではありません。**

弟は一人で家族を支えている身ですから、いざというときは私が全責任を負おうと決意していました。

しかし、3年は短いようで長いもの。気持ちのアップダウンだってもちろんあります。それでも前向きな気持ちで進み続けられたのは、やはり父の言葉のおかげとしかいいようがありません。

人は思念した人生をたどります。だからこそ、ネガティブな状況であってもいかにポジティブな文脈に転換するかが重要です。

ポジティブな文脈に転換するコツは、**「〜でも」を活用する**こと。

今月の売り上げが低かったとしても、「でも」と続ければ、「来月は今月分の売り上げが乗るかも」「上げる方法を考える機会を与えてもらった」など、ポジティブな言葉が何かしら出てくるでしょう。

業務がスムーズに進まないときも、「でも」と続ければ、業務をスムーズに進める方法や、別のことに切り替えるようなアイデアが生まれるのではないでしょうか。「だから」と続けると、「帰りが遅くなる」「集中力が上がらない」など愚痴のようなフレーズばかり出てくるのがオチです。

「〜でも」は、日常のささいなことにも活用できます。最も活用してほしいのは、「忙しい」という言葉が浮かんだときです。

忙しいのは、充実している証し。時間に余裕がないように感じるときは、「楽しい」という言葉に置き換えると前向きな気持ちに切り替わります。

誰かに話すときはもちろん、自分に問いかけるときも含めて、ポジティブワードに変換するのを習慣にしましょう。

きっと、毎日のシナリオが変わります。

No.12

何を選択しても正解！人生に大凶はない

人生というのは、常に選択の連続です。ポジティブに進もうと思っても、ポジティブな道だって1本ではありません。どの道を進むべきかという迷いは私にもありますし、きっとあなたにもあるでしょう。

時には、選んだ道しだいで人生が変わることもあります。振り返ったときに「あの道が正解だったんだ」と気づき、悔やむこともあるかもしれません。

選択肢をたどった先にある結果は、吉、中吉、小吉、大吉などさまざまでしょう。しかし、「大凶だけは存在しない！」というのが私の持論。実に多彩な経験をした今、大凶がないことには確証めいたものを感じています。

人生で経験したことはすべてムダにはなりません。

エム・トゥ・エムを立ち上げる前にしていた保険の営業の仕事も、一見今の仕事と関係がないように思えて、実は今に生きています。保険の知識が節税につながっていますし、医師、葬儀社、グループ会社の本社などお客様の想定単価別にグルーピングする営業スタイルは、今ではA（高級スーパー）、B（中級スーパー）、C（一般的なスーパー）、D（個人店）というランクづけ方式の営業方針へと進化しています。

どうしても道を選べないときは、やってみたいのか、気乗りしないのか、自分の気持ちを軸に判断するのもいいでしょう。いずれにせよ、どんな決断をしても大丈夫。**どんな道も、確実にいい未来へとつながっています。**

13–31

強くしなやかな女性になる
50の言葉

仕事編

JOB

No.13

無知は強み

特に新社会人は、自分はまだ経験がないからと「何もできない」「エンジンをかけるのは、教わって学んでから」と思いがち。転職した後も、何もわからないのだからと遠慮しすぎな人が多いように感じています。

しかし、**無知であるのは強みです。**なぜなら、猪突猛進できるのは無知であるときのみの特権だから。

そもそも誰もが最初は無知ですし、**知らないことに対して劣等感を覚える必要はありま**

せん。むしろ無知を強みと認識して、恐れずに邁進すべきです。

私も代表となった28歳のころは、恥ずかしげもなく思いっきり突っ走りました。無知ですので、言葉を間違うことはしょっちゅうです。

バイヤーとの商談のときには、「小缶」を間違えて「こかん（股間！）」と読んだこともありました。内心「やばい！」と思いましたが、バイヤーに「しょうかんですよ」と教えてもらい、むしろ場が和んだかもしれません。

間違いは失敗ではありません。むしろ**成長のきっかけと捉え、感謝する**のです。

わからないなりにコミュニケーションを取ろうとしている一生懸命さは、相手にも伝わります。弱気になってはいけません。

今となっては、もし新卒で食品メーカーに就職し、業界のことを知った上でエム・トゥ・エムを始めていたら、もっと行動が制限されていたかもしれないなと思っています。

同業の友達をつくろうとも思わなかったでしょう。もちろん読みを間違って相手に教わることもないでしょうから、かわいがってもらうのはもちろん、関係者の懐にも入れなかったかもしれません。

とすると、3年で会社を清算していたことも考えられます。

事業継続を諦めた後は、私はもとの保険営業に戻っていたに違いありません。

余談ですが、保険の営業をしていたとき、お客様によっては自社の商品がベストではないと感じることがありました。そこで思いついたのは、「他社を含めあらゆる保険商品を扱うサービスを提供する」というアイデア。

しかし当時の上司に提案すると、「関係のないことは考えず、自社の商品を売ることに専念しろ」と怒られました。

それからほどなくして、「ほけんの窓口」が登場。まさに私が考えたアイデアと同じスキームです。

仕事をする上で、自分が持っているものや限界にとらわれず、相手の立場からベストなものを発想するのはとても大事なこと。もしかしたら無知なときこそ**業界の慣習や常識を知らない分、最適解を導き出しやすい**のかもしれませんね。

話がそれましたが、１００年以上、脈々と受け継がれてきた家業が、私たちの代で途絶えなかったのも無知のおかげということです。

もちろん、未知のフィールドに飛び込むのは勇気の要ること。

しかし、**知らないことは成功のカギにもなる**のです。

無知を強みに変える猪突猛進の精神の根っこにあるのは、**父から言われていた「前進せよ」という言葉。**小さいころはいまひとつ理解できませんでしたが、今ではよくわかります。

無知こそ強み。知らないことが多い、経験の浅いときこそ、無知を強みに全力で猛進しましょう。

No.14

勉強は裏切らない

勉強は、社会人の基本です。特に、経営に携わるようになったら、深さと広さの両方が大事。

業界のことはもちろん、政治や経済、国際情勢などさまざまなことを知っていなければ、他の経営者とお付き合いできません。

とはいっても、やはりまずは、仕事で必要と思われることを優先して学ぶべきでしょう。

そして、知識を定着させるには興味を持つのがとても大事。興味がなければ集中力が低く、身につきにくいからです。

ただ、仕事となると興味が湧かなくても勉強しなければいけないかもしれませんね。そんなときは興味を持てるよう、**自分の身近なものとリンクさせる**のがおすすめです。

たとえば私は今、栄養学の勉強を進めているのですが、ダイエットと絡めながら学ぶのがマイルール。痩せたい欲求につなげると、一気に興味がアップするのです。

また、**知識がそこそこ貯まるまで、一気に勉強してしまう**のもポイントです。最初はつまらなくても、知識が増えるにつれて徐々に興味が高まります。

深さと広さのどちらを優先すべきかということも、迷うかもしれません。私は、まずは狭く深く取り組むのがいいと思っています。

なぜなら、いきなり広く学ぼうとすると、学びの軸がブレる可能性があるから。学ぶ対象を狭く設定して深く知識を得たら、周辺のことを学ぶときも取っつきやすく、よりポジティブな気持ちで向き合えるはずです。

もちろん、わからない言葉があったら都度調べるのも大事です。また普段の生活でも知識を生かす機会を見つけたら、積極的に行動に落とし込みましょう。

勉強の基本は、新聞や本を読むことです。

ちなみに私のお気に入りの新聞は、「日本経済新聞」「日刊ゲンダイ」「日経ＭＪ」の３紙。「日本経済新聞」は、さまざまな企業の動きや、市場の最新トレンド、最先端技術の開発や新しい製品・サービスを知ることができます。「日刊ゲンダイ」は政治や経済、芸能までさまざまなジャンルを網羅。そして「日経ＭＪ」は消費と流通、マーケティング情報に特化していて、３紙読むと広さを得られます。

すべて読み込むのはさすがに難しいでしょうから、見出しと本文を斜め読みするだけでも構いません。気になるものがあったら、しっかり読み込みましょう。

本も広く読みますが、大好きなのは**稲盛和夫さんの著書。**皆木和義さんの『３０００年の歴史に学ぶ戦略の教科書』も、面白くて繰り返し読んでいます。

余裕があるなら、セミナーに参加するのもいいでしょう。

異業種交流会は自分の状況やタイミング、どのような人たちの集まりかによって、自分向けかどうかを見極める必要があります。しかし、有用な情報を得たり人とのつながりを育んだりしたいなら、ぜひ参加すべきです。


仕事で忙しい人は、勉強の時間を確保する難しさを感じているかもしれませんね。しかし、特別に時間を設けずとも、勉強はいくらでもできます。

私がよく活用するのは、出張時の移動時間。電車も飛行機も学ぶ場所です。

毎日ではないですが、家でゆっくりクラシック音楽を聴いているときに本を手に取ることもあります。**お風呂にいる時間だって、勉強時間にすることは可能**でしょう。

むしろ、勉強の時間はあえて取らなくても構いません。難しいことこそ、構えると理解しにくいこともあります。リラックスした状態のほうが勉強に向いているので、両手を伸ばしてストレッチをしながら学ぶくらいがちょうどいいと思います。

No.15 マルチタスク力を鍛える

仕事ではスピードも大事。お客様に届けるものがたとえ最適な提案であったとしても、他社の商品を購入した後では遅いのです。仕事においてスピードが遅いのは、命取りになりかねません。

スピードを上げる一番のコツは、一度に2つ、3つと同時に進めること。たとえばカレーの製造では、どの製造機械を使うかで製品の質も効率も驚くほど変わります。

とはいっても、しっかり吟味したい一方で、新しい機械を1つずつ試すような時間はありません。複数社と同時並行でやり取りし、何台も同時にテストするような進め方をしなければ、時間ばかりが過ぎていってしまいます。

もちろん、スピードを上げるには優先順位づけも大切。同様に、マルチタスク力も重要なのです。それこそ、**子どもの面倒を見つつ洗濯機を回し、料理をしながら合間に掃除をするお母さんを目指しましょう。**

実際に私も、マルチタスクが得意になったのは子どもが生まれてからだと思います。

しかしながら、仕事には責任が伴いますから、マルチタスクで進めた結果、どちらも共倒れになるような事態は避けるべき。マルチタスク力を鍛えたい人は、まずは楽しいと感じることを2つ同時にこなすことから始めてはどうでしょうか。**趣味を複数持つのもいいでしょう。複業にチャレンジするのもあり**です。

それでも難しく感じる人は、シングルタスクのスピードアップから始めましょう。締め切りを細かく設けると、どんどん速くこなせるようになりますよ。

No.16

ゼロ視点＋直感で決める

人は、そのときに必要なもの・人と出会うもの。だからこそ、必要なものが現れたときに見逃さないよう、**常に明鏡止水の状態、かつフラットな視点でいるのはとても重要**です。私はこれを、「**ゼロ視点**」と呼んでいます。

会社を経営していると、さまざまなシーンで代表決済を求められます。デザインや機械の選定、クレーム対応など内容は多種多様。立場によって内容は異なるものの、あなたも仕事で決断を求められることはあるでしょう。決断にはそれなりに勇気が要るので、いつも以上にゼロ視点でいられるよう意識しなければいけません。

ゼロ視点でいるために私がしているのは、まず「どう思う?」と周りの意見をとにかくたくさん聞くこと。ひと通り聞いたらすべて受け止め、概要をまとめます。

ゼロ視点は、その後がポイントです。周りの意見を自分にストックさせたら、**聞いたことをすべてゼロにして、直感を頼りに決める**のです。自分が決めるというよりも、客観的な誰かに言われているような感覚。導かれるような感じもします。

なぜこの方法をとるかというと、人は周りのことを考えすぎるあまり、自分を二の次、三の次にしがちだから。「灯台下暗し」という言葉もありますが、自分自身の直感は意外とバカにできませんよ。**もっと自分を信じ、自分を頼りにしてもいい**のではないでしょうか。

多数派の意見が正しいとは限りませんし、相対的な視点はときに雑念になります。ゼロ視点ならではの直感を、もっと大事にしましょう。

No.17 アピールポイントは2つに絞る

父が私に会社を継承させようと考えた背景はいろいろとあるとは思いますが、私が父に、「自社ブランドを持たないメーカーは所詮つぶれるから、早いところ整理したほうがいい」と断言したのが大きなきっかけになったのでしょう。

現にエム・トゥ・エムとなってからは将来を見越し、下請けではなく自社ブランドの構築へと、ビジネスを大きく方向転換しました。

カレールー（フレークタイプ）には、エバラ食品の「横濱舶来亭 カレーフレーク」とコスモ食品の「コスモ直火焼カレー・ルー」という二強が存在します。私たちは、小さい会社なりの攻め方をしなければなりません。

そこで私が採用したのが、「2つで攻める」という手法でした。商品のアピールポイントは、おいしさと無添加。**エム・トゥ・エムのアピールポイントは、個性の真逆な私と弟。**

私と弟は、何から何まで真逆なのです。私は小さいころからおしゃべりなほうですが、弟は今でも寡黙なタイプ。饒舌になるのは、お酒を飲んだときくらいです。

そのため私は営業向きですが、弟は自分の中で考え目の前のことに打ち込むタイプ。もともとものづくりが好きで、神のような舌を持っているので、まさに今のポジションは天職でしょう。

弟の食のセンスは本当にすごいのです。決して身内だからひいき目で見ているわけではありません。

2016年に高級スーパーS社から「グルテンフリーのカレールーを作れないか」との

打診を受けたときのこと。グルテンフリーのカレーはすでに市場に存在していましたが、どれも小麦粉の代替で米粉を使用していて味がいまひとつなのです。

さらに、米粉は自社工場では使えません。なぜなら、エム・トゥ・エムでは水分量の多い原料を使っているため。米粉と合わせて加熱すると団子状になってしまい、均等に加熱できず、フレーク状態にならないのです。そこで私は、外部に依頼するしかないと考えていました。

外部の会社に作ってもらったサンプルを弟に食べてもらうと、「俺ならもっとおいしいものを作れる」と言い出したのです。

そのわずか3日後に生まれたのが、「輝美カレールー」でした。たった3日間で、完成形になっていたのには心底驚きました。

グルテンフリーでこんなにおいしいカレーはありません。そして、雑穀のキビでとろみをつけるなど、誰が発想できたでしょう！　大手企業の商品を含め、キビを使ったカレールーはどこにも存在していませんでした。

輝美カレールーは、２０２４年の今でも人気商品。海外への輸出も増えています。

生命保険の営業経験もあり、販売力には自信があってアイデアを出すのが得意な私。コミュニケーションが苦手である一方、要望を形にする商品開発力において天才的な才能のある弟。まさに右脳と左脳で役割が分かれているような状態です。**真逆のコンビだからこそ、私たちは非常に強い**のだと感じています。さらに、姉弟であるために、お互いを理解しやすい点も大きなメリットでしょう。

あなたのアピールポイントは何ですか。あなたの会社の商品の強みは、どのような点でしょうか。人に語るときも、２つだと覚えられやすいですし、説得力があります。３つでも構いませんが、多すぎるとブレたりぼやけたりするので、できれば２つに絞りたいところです。**対極に位置するようなアピールポイントを2つ持つと、一気に強みが増すはず。**ぜひ今一度、自分自身を振り返ってみてください。

No.18 心の中で「りんごの木」をイメージする

仕事では、いろいろなチャレンジを試みるべきです。もちろん、必ず成功するとは限りません。なぜなら、何事においてもしかるべきタイミングが存在するから。

だからこそ、**「待っていればチャンスは来る」**というポジティブな考えでいましょう。粛々と行動し続けるうちに、機会は必ず訪れます。

しかるべきタイミングかどうかを見極めるのに、私が心の中でイメージするのがりんごの木です。**りんごの色はどうか、サイズはどのくらいか**を想像します。

もちろん仕事をする上では、市場の雰囲気を意識するのも大事です。しかし、最終的には自分自身の感覚を頼りに判断します。


たとえば、商品開発でもりんごの木の感覚はとても大切。エム・トゥ・エムでは新商品を年に1つ以上出していますが、開発にはおよそ1〜2年、長くて3年を要します。

商品開発に時間がかかっても、焦りは禁物。焦っては感覚が鈍化しますし、いいものができないのです。アイデアを練り直したり、作り方を変えてみたり、できることをひたすら試していくしかありません。売れないものを出しても意味がありませんし、機が熟すのを焦らず待つのが結果的に一番近道なのです。


実っていなければ、欲にとらわれず、気を散らさずに目の前の仕事に向き合いましょう。

そうすると、**成し遂げようと奮闘していても叶わなかったことも、機が熟したとたん急速に動き出します。**

時には、まだりんごが実っていないだけなのか、そもそもりんごが実らない木なのかがわからなくて戸惑うこともあるでしょう。つまり、努力を続ければ仕事がうまくいくものなのか、あるいはそもそも自分に向いていなかったのか、相手を間違っていたのかがわからないようなときです。

これを見極める方法は、経験を積む以外にありません。**経験値が積まれれば、同じく何かしらのサインがある**でしょう。

実は私は、工場長とけんかをして3年間営業活動をストップしたことがあります。それは2010〜2013年のこと。売り上げを伸ばすべく、営業活動をかなり果敢に行っていると、ある日突然、工場長から「これ以上、生産するのは無理！」と言われたのです。私も、工場の状況を自ら確認すればよかったのですが、そこまで大変なことになっていることは全く知らされていません。

もっと工場長に優しく向き合い、どうすべきかを話し合うこともできたと今となっては思いますが、私は必死な思いをして取引先から注文をもらっている身。断ったら取引先からの信頼は失われ、これまで積み重ねてきたものが崩れてしまいます。心がいっぱいいっぱいになり、頭に血が上ってしまいました。

新規はもちろん、既存営業もストップしたので、売り上げはもちろんどんどん下がります。3年後、工場長から「営業を再開してほしい」と言われました。

これも、りんごの木が実っていなかった一例だと考えています。売り上げが下がることがいかに怖いことなのか、事前共有がなぜ大切なのかを工場長がわかっていなかったという意味で、りんごはまだ実っていなかったわけです。

もちろん、**営業をストップさせるのは大きな経営判断ですが、私たちにとっては必要な時間でした。**

この3年の間、私は家族との時間を増やし、貴重な経験をたくさんしました。結果論的なところもあるかもしれませんし、もちろん反省すべきところもありますが、3年後、りんごが実った感覚は確かにありました。

No.19
何度も壁に当たるのは失敗のサイン

プロセスを気にせずとも、スムーズにことが進むようなときは、たいてい成功します。逆に、邪魔が入ったりトラブルが続いたりするのは、失敗のサインです。

初めて商談する相手も、話が通じやすいときもあれば、違和感を感じることもあるでしょう。「この人、あまり好きじゃないな」程度のこともあるだろうと思います。

そういうときは、ほとんどの場合うまくいきません。

エム・トゥ・エムも、失敗に終わった商品は多数あり、損失額はトータルで500万〜1000万円になります。

2016年に販売した「湘南トマトカレーのレトルトシリーズ」も大失敗でした。発売しても全く売れずどんどん残ってしまい、最終的には商品を寄付に回したほどです。

この湘南トマトカレーのレトルトシリーズは、発売前から課題ばかりでした。パッケージがなかなか決まらない、ロットが合わず加工業者も決まらない。商品そのものはおいしくできていたのですが、原価が高くついてしまい、結局1箱700円になってしまいました。

しかも、レトルトカレーの賞味期限は通常約1年半〜2年のところ、1年の設定になってしまったのです。

「オートミールシリーズ」もことごとくうまくいきませんでした。エム・トゥ・エムのオートミールは電子レンジでチンして食べられる業界初の商品で、商品そのものには自信がありました。

しかし、原料や容器の選定、そして営業さえもスムーズに進まないのです。価格でも競合に劣っていました。

すでに市場に存在していたオートミールスープは148円前後。一方、エム・トゥ・エムのオートミールはこだわりが強かったこともあり、当時売れていた「日清カレーメシ」よりも高い1パック298円にせざるを得なかったのです。

そもそも、ヘルシー志向の人はオートミールを大袋で買い自分でブレンドしているため、ターゲットにならないということも発売後に判明しました。一方、コンビニ利用者にはレンチンよりもお湯を入れて完成させる商品のほうが受けるようで、無添加とレンチンというこだわりは、あまりベネフィットにならなかったのです。

もちろん、利益は出ていません。大失敗でした。

やってみようという気持ちはもちろん大事です。しかし、ことごとく壁に当たるときは高い確率で失敗が待っています。

失敗の影響範囲が自分一人なら、トラブルに向き合い失敗を受け入れ、自己成長につなげるのもありかもしれません。

しかし仕事は相手があるものですし、何より会社の損失を生んでしまいます。避けるに越したことはありません。

トラブルが続いたからといって、「せっかくいいアイデアだと思ったのに」と嘆く必要はありません。なぜなら「心の中で『りんごの木』をイメージする」で記した通り、りんごがまだ青く小さいだけで、これからおいしく実るかもしれないから。

いずれベストなタイミングがやってきます。それまでは、今この瞬間、大切だと思われることに全集中し、りんごが実るときまで温め続けましょう。

No.20

根性と変化球

今どきはやらない考え方だと思うかもしれませんが、仕事では根性も大事です。仕事というのは、楽なもの、片手間でできるようなものばかりではありません。むしろ簡単な仕事は、あまり自己成長を見込めないため、そもそもおすすめできません。

営業であれば、なかなか受注できなくて苦しむこともあるでしょう。企画や事務職も、他人よりいいアウトプットをできないからと悔しい思いをすることもあるはずです。

そうすると、「頑張るだけムダ」「仕事以外のことで自己実現しよう」と思う人も一定数いるでしょう。しかし**諦める人が多いからこそ、根性の有無で仕事の成果が大きく変わる時代**なのではないかと感じています。

私も、エム・トゥ・エムを立ち上げた当初は、悔しい思いをたくさんしたものです。「もとまちユニオン」へ営業に行ったときも、1回目は店長に「無理、無理」と断られ、2回目の訪問では「忙しいから来てもムダ」と言われました。

しかし、3回目は閉店後に行き、「掃除を手伝うから話を聞いてほしい」と申し出て掃除を終えると、ようやくカレーを食べてもらえました。

店長の感想は「あれ、結構うまいじゃん」。味に自信があったので想定内の反応ではあるものの、それでもうれしさがこみ上げました。その後すぐにバイヤーへとつないでもらい、もとまちユニオンはエム・トゥ・エムを扱う最初の小売店になったのです。

人によっては、1回断られただけで心が折れ、2回、3回とアタックするのは気が引けるかもしれません。

しかし、**1回断られたぐらいで引き下がるのでは根性が足りません。**たとえ塩対応でも、根性で乗り切るのです。

相手も人です。「こんにちは」「さようなら」と笑顔で元気に挨拶されれば、悪い気はしません。3回行ってダメなら引き下がると決めてもいいですが、それまでは前向きな気持ちで挑みましょう。

そして、根性と同じだけ大切なのが変化球。要は、けんかです。

私も、たとえ大切な取引先であっても、納得がいかないときはけんかも厭わぬ覚悟で挑んできました。

何せ食品メーカーは男社会ですから、**当時は女性の営業というだけで驚かれ、下に見られた**のです。小売店の担当者から、「商品を扱ってあげるんだから、飲みに行こう」と不当な誘いを受けたことも一度きりではありません。

これって、女性ならではですよね。当然道理にかなっていませんし、到底納得できません。そんなときは、「飲みに行くくらいなら、商品を扱ってもらわなくて結構です」と突っぱねていました。

すると不思議なことに、「冗談だよ」と相手が折れるのです。今では女として見られることはなくなり、一人のパートナーとして扱われるようになり、友達関係を築けています。

おそらく**けんか腰で応対していなければ、今も女性だからと蔑まれていた**に違いありません。

言うべきときは、言わなくてはいけないのです。けんかという変化球を投じてでも腹を割って対等に話せる関係をつくるのは、女性が社会で活躍するのに必要なスキルのひとつだと思います。

ダメなのと、諦めるのは別物です。ダメと感じたものも、根性と変化球で向き合うと、意外に扉をこじ開けられることがあります。

No.21

いいものも、押しつけては逆効果

下請けという安定から、自社ブランドの確立へと大きく方向転換したエム・トゥ・エム。ブランドづくりで最も意識したのは、フランスのものづくりでした。

フランスの歴史あるブランドは職人が手がけていますので、アメリカのような大量生産とは違った魅力があります。もちろんデザインもすてきですが、私が思う**フランスのものづくりの良さは、品質への執着心。**

中でも私が特に心惹かれるのは、ルイ・ヴィトンです。ルイ・ヴィトンはここ数十年、コレクションで名をはせる面々がデザイナーを務めたり、村上隆氏や草間彌生氏などとのコラボレーションをしたりと華々しい印象がありますね。しかしもともとは、ルイ・ヴィトンという一人のトランク製造職人によって生み出されたブランドなのです。

だからこそ、どれだけ華々しい肩書きを持った人が指揮をとった製品も、愚直な職人魂に端を発しているからこそ本質的な上質感があるのでしょう。

デザインも押しつけ感がなく、品質で勝負しているからこその上質感が感じられます。

自分のこだわりを、お客様に押しつけないものづくりは、今でもエム・トゥ・エムの根幹にあります。

見た目ではなく、品質そのものにこだわるブランドでありたい。だからこそ無添加を貫き、材料を厳選しています。

製造プロセスも、かなりこだわっています。原料を投入するタイミングや加熱温度、時間までとても細かく管理しています。国際標準化機構が定めた食品安全の規格

「ISO22000」も、2023年に取得しました。

品質へのこだわりがこれだけあるからこそ、今の味が作られているのです。

一方、**パッケージは極力シンプルにするのが鉄則。**もちろんデザインにこだわるのはいいことですし、まず消費者の目に留まらなければいけません。

しかし、目立つ色だからといって黄色や赤を利かせたデザインでは、上質さは感じられないでしょう。こだわりポイントを打ち出しすぎなのも、いかがなものかと思います。箔をつけたい気持ちもわからないではありませんが、見る人が見れば、本物かどうかはわかります。

グルテンフリーの製品にはグルテンフリーと記したシールを貼ったり、ポップを貼ったりもしますが、そこまで強く打ち出さずとも届くべき人には届くのです。

押しつけないデザインを追求した結果、エム・トゥ・エムの製品は**カラフルなカレールー製品が並ぶ棚で浮くことに。**むしろ目立っていいアピールになりました。

自社ブランドを立ち上げた当初は、無添加のカレールーは小売店に並んでいませんでした。しかし今となってはどんどん他社にまねされ、ヴィーガンマークやパッケージの色まで、訴えたいほどに似通った製品が登場しています。

しかし、味だけはまねできません。

原材料は表示を見ればわかるので材料こそまねできますが、**作り方まではわからないので味は模倣できない**のです。

それを知ったとき、本質的な品質のよさがいかに大事かを改めて実感しました。

押しつけ感がないほうがいいのは、商品も人間も同じではないでしょうか。我が強い人は、やはり人から好かれないものだと思います。

自分をアピールしたくなるのは、自分が劣っているのではという不安感の表れなのかもしれません。しかし、自分は自分、他人は他人。他者と自分を比較する必要はないのです。

No.22 成功の横展開は時に失敗のもと

仕事でうまくいくと、「いいやり方を見つけた！」とうれしくなることがありますよね。苦労したときほど、喜びはひとしおだと思います。しかし、そのときうまくいった方法が、必ずしも別のシーンでも通用するとは限りません。それを痛感したのは、保険の営業をしていたときのことでした。

私は当時、実にさまざまなお客様を担当していました。効率化する方法を見つけなければ、高い営業成績を出すのは難しい状況です。

そんなとき、若い医師から、3億円の契約を取れました。なぜ契約してもらえたのか、自分なりに分析した結果、思いついたのは「フレンドリーな応対が効いたのではないか」という仮説。医者は忙しいため、なかなか友人と遊ぶ時間を取れないのだろう。だからこそフレンドリーな対応が効果的なのだと思ったのです。

少しすると、別の若い医師に営業する機会に恵まれました。成功のノウハウのある私にとっては、勝ったも同然。ノリのよさを出し、着実に心の距離を詰めていきました。

そして、いざクロージングというとき。なんと、**「は？　バカじゃないの。君はダメだよ。だって友達みたいな態度だもん」**と言われたのです。ショックでした。

もしかしたら、商品そのものが合っていなかったのかもしれません。かしこまった雰囲気で接し、丁寧に商品説明をしていたら契約に至ったのかもしれません。今なお正確な理由はわかりかねますが、ひとつ明らかなのは、成功体験を横展開しても、必ず成功するわけではないということ。**先入観は捨て、毎回一から考えることが大事なのです。**

No.23

環境は自分の姿勢ひとつで変えられる

世の中の声に耳を澄ませると、「お客様が一番」という声が聞かれます。私も会社員時代は、お客様が一番だと思っていました。

しかし、今はスタッフが第一、お客様は二番目だと思っています。スタッフがいなければ、商品を作れません。スタッフがいるからこそ、エム・トゥ・エムは存続できるのです。

優先すべきものは、立場によって変わります。今、何を大事にすべきかは、立ち止まって定期的に考えましょう。

優先したいものがあっても、なかなかそれが相手に伝わらずもどかしい思いをすることもあるかもしれません。時には、「相手側に問題があるのでは」「周囲の状況が悪いのでは」などと考えがちですが、意外と自分のほうに理由がある場合も少なくないと思います。要は、自分しだいなのではないかということです。

自分の姿勢ひとつで環境を変えられる――それを感じた瞬間は多々あります。営業と工場間のやり取りに問題があったとき、状況を打破できたのも、自分自身の姿勢を変えたことが大きなきっかけとなりました。

今使っている新工場には、営業と工場の両方の機能を集約していますが、以前、古い工場を使っていたとき、営業所は別のところにあったのです。

メールを送ったのに見ていない、電話をしてもつながらないのは日常茶飯事。連携に時間がかかり、進行が滞ったり取引先への対応が遅れたりといったことも多く、ストレスがたまる毎日でした。

生産が追いつかなくなったとき、ついに堪忍袋の緒が切れ、私は営業所へ通いつつ、平日は半日ほど、そして土曜日は丸々1日、工場勤務に費やすことにしました。

工場でするのは、パート仕事です。袋詰めに箱詰めにと、ありとあらゆる作業をこなしました。もちろん梱包作業は慣れていませんので、パートさんより速くこなせるわけではありません。パートさんに「遅いよ」と言われ、「すみません」と返すようなこともありました。

しかし、その姿勢が結果的に状況を変えたのです。**工場にいい緊張感が生まれ、社員やパートさんが私に親近感を抱いてくれるようになりました。**

土曜出勤をしていたある日、パートさんが「今日のお弁当だよ」と言ってホワイトソースのクリームコロッケを出してくれたことは、一生、忘れません。そのクリームコロッケは、祖母が従業員に作っていたクリームコロッケを再現したものでした。

社長だからと、指図をしているだけでは、確実につくれなかった状況です。

また、実際に出向くことで、工場で生じていた問題の発見にもつながりました。当時、1階は原料を混ぜ合わせる加熱室、2階はパッケージングする場所とそれぞれ分かれていたのですが、工場長は1階にいるため2階の状況が見えていなかったのです。2階では、気の強い従業員が幅を利かせ、コミュニケーションを害していました。仕事ができる人なのですが、その分、他人への物言いがきつくなってしまうのです。従業員を新しく雇っても、すぐに辞めてしまう状況が続いていた理由が判明しました。

もちろん、工場長も悪気があって対応していなかったわけではありません。注文が増え、土曜出勤をして生産しているような状況でしたし、2階まで目が届ききらないのは仕方のないことです。私は深く反省しました。

環境をつくっているのは、自分自身でもあります。自分の姿勢ひとつで環境は変えられる。環境が変われば、現状を打破できる。そう思うと、「もう策は尽くした」と思うようなときでも、1つ、2つと策が新たに思いつくはずです。

No.24 コミュニケーションは「対面」一択

時代を追うごとに、人と人のコミュニケーションスタイルはどんどんバリエーションが増すばかり。以前はオンラインで顔出しすることに躊躇していた人も、コロナ禍を経た今では、そこまで抵抗感がなくなっているのではないでしょうか。

しかし今なお、リアルで顔を突き合わせて話す以上に、有意義なコミュニケーション手段はありません。

そもそも**コミュニケーションは、感情のキャッチボール**だと思っています。お互いの言い分を理解し合うだけでなく、どう感じているか、感情の機微まで汲み取り合えるのが、最も質の高いコミュニケーションです。

顔と顔を合わせていれば、相手の温度感から理解度がわかりますし、会話の進みが速いと思います。

しかし**メールは一方的ですし、相手が受け取ったか、理解したかはわかりません。**理解したとしても、どう感じたかは確認しなければ不明のままです。

オンラインツールでも顔を見ることは可能ですが、相手の目の様子は見られず、空気感まではわからないでしょう。リアルと比べると、判断材料が格段に減ってしまいます。実感値としては、思いの伝わり方は対面の30パーセントほどといったところ。

だからこそ私の会社では、スタッフとの対面コミュニケーションを特に大事にしています。

一番はやはり挨拶です。挨拶で最も重要なのは、顔を見ることでしょう。他にも、昼時には休憩室でみんなとお弁当を食べるようにしたり、バーベキューや忘年会、決算報告会を設けたりと、私と社員間はもちろん、**社員同士のコミュニケーションの場づくりにも力を入れています。**

大事なのは、仲がいいか悪いかではなく、どれだけ対面で意思疎通を図っているかでしょう。社員は、1日の約3分の1の時間を共にしている仲間です。つながりを大切にするようにということは、社員にも説いています。

状況によっては、どうしても電話やメールでしかコミュニケーションを図れないこともあるでしょう。そういうときは、複数の手段を使うのがおすすめです。たとえば、要点をまとめたメールを先に送り、後で電話をして簡潔かつ丁寧に内容を確認すると、ズレを減らせるのではないでしょうか。

なお、ホウレンソウ、つまり**報告・連絡・相談は、対面だろうと他の手段であろうと常**

に大事。コミュニケーションの前提と心得ましょう。

中には、社内と社外のコミュニケーションでは、どちらのほうが大事かという疑問を抱いた人もいるかもしれません。こればかりは、どちらともいえません。社内関係がよくないといいものを作れませんし、社外関係がよくなければいいものでも売れないですよね。理想をいえば、どちらも対面コミュニケーションで、常にスムーズな意思疎通を図りたいところです。どうしても時間を取れないのなら、その都度、適切なバランスを考えるしかありません。

時には、家族に力を入れるべきときもあるでしょう。それぞれで状況が異なりますので、優先順位は個人で判断してください。

No.25 人間関係の不和で我慢しない

会社員の悩みは、さまざまなメディアで頻繁に記事になるほど注目度の高い話題。ランキングの2位や3位に必ず入っているのが、「社内の人間関係」です。

確かに、人間関係はとても大事。うまくいっていなければ、会社に行くのは苦痛でしょう。かといって、社会に出れば競争の連続ですし、会社では上司や部下などの役職もあるので、円滑な関係を築くのはプライベートよりも難しいかもしれません。

しかし、だからといって我慢していても解決しません。時間とともに状況は改善するかもしれませんが、**腹を割って対話しなければ、不和があった事実は心の中でしこりとして残り続けます。**

私の場合、エム・トゥ・エムを始めたばかりのころは人間関係で特に苦労しました。社員やパートさんとしては、それまでは父の会社で働いていたのに、あるとき突然、食品業界未経験の人間が会社のトップに立ったとしか思えないでしょう。しかも、年齢は20代。娘・息子と変わらない年代です。

しかも、それまでの安定路線とは打って変わって、自社ブランドを作る方針に転換したわけなので、反発したくなるのも無理はありません。

しかし、私としても本気で挑んでいるので、相手の気持ちはわかりつつもスタッフの目に余る対応に直面するたびストレスはたまる一方でした。

「なんで娘が社長なの？」と心ない言葉をかけられたこともあります。

さすがに、エム・トゥ・エムではなく父の会社である「ポタール食品」の名前が入った制服を着ているスタッフを見つけたときには注意をしました。

当然のごとく、「なぜダメなのか」と言われました。「過去のものだから」と言っても納得してはくれません。

幸か不幸か、ポタール食品の社名を使うことは禁じられていました。というのも、以前、技術提供をしていた会社が技術だけ盗んで契約を切ったため裁判を起こしたことがあるのですが、残念ながら敗訴となり、以前の社名を使えなくなっていたのです。

裁判の話をしたところやっと納得し、エム・トゥ・エムで採用していた白いユニフォームを着るようになりました。

しかし、裁判で禁じられていなかったとしても、過去のユニフォームを着るのはあまりに失礼でしょう。それまで思い入れを持って働いてくれた証しかもしれません。簡単に気持ちを整理できないのはわかりますが、理不尽です。私としては、そのままにしておけません。落ち着いて話し合う以外に選択肢はありませんでした。

受注が安定するまで工場の仕事がなかったのも、社員やパートさんの気分をさらに悪くしたようです。私は、「仕事がなくてどうするんだ！　何もやることがない！」と言われ放題。しかし、それまでの下請け業から切り替えた直後なので、仕方ないことだと言うしかありません。

下請けから脱却しなければ、未来はないのだとも説きましたが、そのときどこまで理解してくれたかは不明です。

何か提案しても、「それは良くない」と否定するだけ。60代のパートさんには試食販売の仕事や、自転車でスーパーを巡って陳列されている商品の名称や値段、内容量をリサーチする仕事、つまり競合の市場調査を依頼したこともあります。

もちろん、すべて嫌がられましたが、お願いしながら、なんとかやってもらいました。そうこうしている間に売り上げが立ち始め、少しずつ不和が減っていきました。

愚痴はすべて、聞き流して構いません。単なる不満でしかなく、向き合うほどの内容でないなら、自分には無関係と思わなければ心が保たないでしょう。

しかし、**言うべきときというのは存在します。**どう考えても理不尽であるときは、きちんと伝えなければいけません。

私の場合は、顔を見て直接「ダメなものはダメ」とはっきり言います。遠回しには働きかけません。**ストレートに表現するのが、最も効果的ですし簡単です。**

ただ、人によって言い方を変える必要はあります。婉曲表現を使わないにせよ、**温度感や言い方は相手によって調整すること。**中には、心が砕けてしまう人もいるからです。

同様に、相手のタイミングを見るのも大事だと思います。

人間関係の悩みを自分の中に閉じ込めて、我慢するのだけは絶対にいけません。

経営者ではなく**会社員として働いている人も、理不尽だと思うことがあったら腹を割って本音で話し合うことが大切**だと思います。

話し合うとき、「最初は雑談から始めたほうがいいかな」「第三者に立ち会ってもらうべきかな」など、いろいろ考えるかもしれませんが、変に意識する必要はありません。「私はこう思う」「あなたはどう思っているか」と、こんこんと話し合うのです。雑談や第三者など、余計なものを持ち出すと論点がズレかねません。

話し合う中で、相手は何も考えていないのかもしれないと感じることもあるでしょう。そのときは、議論を持ちかけても意味がありません。まずは問題提起にとどめ、話を終わらせましょう。きっとその後、少しずつ考えてくれるはずです。

敵対してしまった相手とも、なるべく本音で対話したいと私は考えています。本音でなければお互いを深く理解できませんし、意味がありません。

そして純粋に、**本音で話し合うのは楽しいこと**だとも思います。人間関係における糸のもつれをほどくのはエネルギーの要ることですが、ほどけた後の解放感、喜びはきっと想像以上です。

No.26 適材適所を知る

人それぞれ適材適所があることは、頭ではわかっていました。しかし、体験をもって理解したのは、エム・トゥ・エムを立ち上げた後のことでした。

私が試食販売をすると人が集まらず全く売れなかったのに、弟に代わった途端、売れ出したのです。そこまで饒舌なタイプでもないのに、弟の周りに人が群がり大反響でした。

そこで私はバックヤードへ引っ込み、準備担当になることに。なぜこうも違うのかと考えると、性別と年齢に起因しているのではとの考えに至りました。

女性というのは、自分よりも若い女性やきれいな女性には、無意識のうちに劣等感を抱き、ねたみやひがみを持ってしまうのです。

しかし、自分よりもずっと年上の女性には、親しみを感じます。もしあなたが人材配置や担当割りの権限を持っているなら、性別と年齢を踏まえて検討してください。どうしても同年代の女性と向き合わなければならないときは、劣等感を感じさせないように気をつけましょう。**服装は地味にして、相手を立たせる**のです。高級ブランドを身につけてはいけません。スーツであれば黒か紺を選びましょう。

年上の女性と接するときは、変に気を使わないこと。言葉遣いや礼儀さえ気をつければ、対等に話して差し支えありません。下手にへりくだらないほうが、愚痴がポロリと出てきたり、相談を打ち明けられたりするものです。

一方、男性に向き合うとき、下に見られたくないのなら女性らしさを意識させないのが大事です。男性のように、わざとギャヤギャッと笑うのもありだと思います。

No.27 自分の都合を理由にしない

仕事は相手あってのもの。だからこそ、自分都合ではなく相手の立場になって考えるのは基本中の基本です。

相手が何を求めているかは、想像を働かせて考えなければいけません。**人はそもそも自分都合で考えがち**なので、常に相手都合を意識していないと、いい仕事はできないのです。

これは、脳梗塞になる前に記した弟宛ての遺書にも書いたほど大切なこと。しかし、かく言う私も、自分都合を貫いて大失敗を犯したことがあります。

それは、高級スーパーK社で試食販売をする予定だったのに、他社の商談とダブルブッキングをしてしまったときのことです。

ダブルブッキングはあってはいけないことですが、失敗するのは誰にでもあること。しかし私は、こともあろうにK社からの電話で失念していたことに気づき、さらにはその電話でしらを切ってしまったのです。

もともと心が焦っていたことが、すべての理由でした。次男がインフルエンザに罹り、突如、病院に連れていかねばならなくなったため心の余裕がなくなっていたのです。

しかし、知らないふりをするなどというのは、決してあってはならないことでしょう。

後日、K社へ謝罪に赴きました。しかし、**罪と罰はセット**なのですね。直後に私は、会社のお金を引き出した後、そのままATMに置きっ放しにする失態を犯しました。40万円を弁償しつつ思ったのは、しらを切った罰だということ。

もともと私は、相手都合を意識するタイプだと思いますし、しらを切るのはとてもレアなことです。しかし、焦っていたからというのは他人には関係のないことですよね。自分都合がいかにダメかを再認識する、いい機会となりました。


同様に、**忙しいというのも自分都合の発想**だと思います。そもそも忙しいのなら、それを口に出す時間さえムダでしょう。

他人にとっては、「それで?」でしかありません。効率化を図り、早くするよう努める以外に、忙しさを乗り切る方法はないのです。


ちなみに弟も、「忙しい」とよく口にします。社内で忙しいと言うのは100歩譲って許容したとしても、取引先への対応で忙しさを持ち出すのは容認できません。

忙しいことを理由に、原料メーカーからの依頼を後回しにするのはダメでしょう。取引先なくして私たちのビジネスは成り立ちません。海外からの輸入品も多く取り入れているため、円安に拍車がかかったら、今の価格では供給できなくなる可能性だってあります。

忙しいことを言い訳にしているようでは、良好な関係は築けません。社外からの依頼は、優先度を上げて対応すべきです。

経営者という立場柄、私はこれまでさまざまな人を見てきましたが、**忙しいと口にしている人は基本的に何でも遅い**ように思います。

忙しいと口にするのは、お手上げするようなもの。「これ以上はできません」と宣言しているのと同じ状態で、行動を早くするための努力や工夫を怠りがちなのでしょう。

忙しいのが事実だったとしても、むしろ成長するチャンスと捉え、どうすればいいかを考えるべきです。

「忙しい」と口にするのは、自己成長のチャンスを逃していることと同義です。気をつけましょうね。

No.28 トラブルは即対応でチャンスに変わる

おそらくこの世の中に、トラブルのない仕事は存在しないでしょう。どんな仕事でもトラブルは必ず生じます。

しかし、トラブルにどう向き合うかは千差万別。だからこそ、**トラブルへの向き合い方は、その後の行方を左右する分岐点**となります。

エム・トゥ・エムも、立ち上げた直後はトラブルの連続でした。

私自身が食品業界に慣れていないこともあり、納品個数を見誤るのはしょっちゅうです。在庫が足りないという連絡も頻繁に入り、そのつど私はすぐに走り届ける日々。時にはたった10個を納品するために、自転車で駆けつけたこともありました。

連絡が入るのは、近隣の小売店からばかりではありません。あるときは、高級デパートT社に入っているテナントから「レシピを記載したポップが届いていない」と連絡が入ったこともありました。もちろん遠方でも、即対応が鉄則。

さすがに鎌倉から、その日のうちに届けにくるとは思わなかったようです。先方の担当者には**「こんなにすぐに来た人は初めてだよ!」と驚かれ、逆に感謝されました。**

その日の夜は、関東で同業者の懇親会があったため、私はとんぼ返りです。ちょうど身重のときではありましたが、「面倒だ」という気持ちは一切ありません。

むしろ「トラブルにしっかり向き合えた」と、心の中は安堵の気持ちで満たされていたように思います。

もちろん、事業が軌道に乗り出してもトラブルはゼロにはなりません。その後も大小さまざまなトラブルがありましたが、特に記憶に残っているのはスパイス関連のトラブルです。

なんと、消費者の方から「雑巾のような臭いがする」と連絡が入ってしまいました。高級スーパーS社のプライベートブランドへのクレームだったため、連絡が入った先は正確にはエム・トゥ・エムではなくS社でしたが、製造しているのはエム・トゥ・エムです。決して看過できません。２０１３年12月のことでした。

調べてみると、臭いで問題になっているのは、エム・トゥ・エムが手がけるプライベートブランド商品だけではなく、他社製品でも異臭問題が生じていました。工場長とともに各商品の共通点を探ったところ、原因が判明。ウコンがすべての原因でした。

ウコンは海外からの輸入品です。ウコンそのものにカビが生えているわけではなかったのですが、おそらく船便で輸送する間、すぐそばにカビが生えているものが置かれていたのでしょう。臭いが付着しただけなので、人体への問題はありません。

しかし、体に悪影響がないからといって、異臭のするものを売り続けるわけにはいきませんよね。リピーターは離れるでしょう。初めて口にする人も、味に落胆するかもしれません。そうしたら、**エム・トゥ・エムの商品はおろかS社の商品も買わなく**なるでしょう。すぐに問屋へ返送依頼をかけると同時に、近隣にある小さな店舗には直接回収に赴きました。結果、**私たちの対応は業界一の迅速さだった**と聞いています。

人体への影響がないこともあり、回収しないメーカーがほとんどで、スパイスメーカーからは「なぜエム・トゥ・エムだけ回収するのか」ととがめられました。しかし臭いカレーを販売するのは私たちのポリシーに反します。

一方、S社は私たちの姿勢を好印象に捉えてくれました。以降、仕入れているスパイスの香りを毎回、確認するようになったのは言わずもがなです。

今振り返って思うのは、やはり失敗したらどんなことでも即座に誠意ある対応をすべきということ。

基本的なことのように感じるかもしれませんが、現に異臭のするカレーを回収しないメーカーは多数ありました。小さい会社だから小回りが利くところもありますが、「言うは易く行うは難し」もまた事実なのでしょう。

失敗すると苦々しい気持ちでいっぱいになるかもしれませんが、迅速かつ誠実に対応すればむしろ信頼につながります。我が身を振り返るきっかけにもなるので、感謝すべきことであるでしょう。逆に**感謝の気持ちがあれば、何がなんでもすぐに対応したくなるはず**です。

トラブルに対応するときは、初動のスピード、誠実さに加えて、**正確な情報を提供することも大事**かもしれません。

被害を受けた方が激怒している場合など、対応しようにも相手が聞き入れてくれなくて戸惑うこともあるでしょう。

しかしたとえ会ってくれなくても、手紙を書くこと、担当者以外の方を通して手紙を渡してもらうことなど、できることはいろいろとあるはずです。

「すみません」だけでなく、「ありがとうございます」と伝えるのも、時に有効かもしれません。

トラブルにどう対応するのがベストかというのは、その時々で変わります。しかし、スピードが重要であることは、あらゆるトラブルにおける共通ルールです。

No.29

時にはハッタリも有効

少し特殊なスキルとはなりますが、「ハッタリ」についてもお伝えしたいと思います。ハッタリとはいっても、脅すわけではありません。**一人芝居を、ちょっと強気に打つ**のも、仕事では案外有効だということを伝えたいのです。

私がこれまでかましたハッタリの中で、最も効果があったように感じているのは小売店への電話です。具体的には、お客様のふりをして店舗に電話をし、「エム・トゥ・エムのカレーを食べたいので置いてもらえないでしょうか？」と言ったこと。弁解をしておくと、私は製造者ですが、一消費者でもあります。完全に嘘、だましとは言いきれないですよね。しかし、私であることがバレては困るので、友人の携帯電話を借りて問い合わせました。そして取り扱いが始まったら、スタッフに一般客としてスーパーへ行ってもらい、経費で購入してもらいました。**細かいところまで抜かりなく、徹底的に演じる**のです。

さすがに初めてのハッタリでは、緊張するかもしれません。しかし、必ずしも自分でやる必要はないのです。ドキドキするなら、まずは第三者である友人の力を借りるのはどうでしょうか。練習するのもありです。

ハッタリはさまざまなシーンで使えます。あなたの仕事でも、顧客対応や納期調整など、相手の希望をそのまま受け入れるのが困難なこともあるでしょう。

一方で相手の心象を悪くしたくないときも、ハッタリの出番です。たとえ嘘を伝えざるを得ないときも、あたかもそれが事実であると思いながら伝えるのがコツ。**開き直ると、本当に困っている感じが自然と出る**はずです。

No.30

相手を喜ばせてナンボ

相手軸で仕事をするのがいいということは、みんな頭ではわかっているでしょう。そもそも、自分がどう動いたら相手が喜ぶかを考えずに働いている人はいませんよね。

しかし、**もう一歩踏み込んで考えると、世界が変わる**人が多いように思うのです。

相手は、自分と同じ考えとは限りませんよね。そのため、こちらがいいと思ったことも、必ずしも喜ばれるとは限らないのです。

だからこそ、相手の理解が十分でないときは、まず相手に質問してしまうのも手。もちろん手放しに「何がいいですか」と尋ねるのはナンセンスですが、ある程度考えて「これはどうでしょうか」とクローズドクエスチョンを投げかけるのはありだと思います。

高級スーパーS社のプライベート商品を開発するときも、相手軸の視点を大事にしました。一般的には、プライベート商品の開発を依頼されたら、コンセプトや味の方向性について希望をヒアリングした後、実際に開発して提案という流れを取ります。しかし、それでどれほど納得感を得てもらえるかは疑問です。

そこで、開発した商品を試食してもらう際、他社商品も持参し、ブラインドで試してもらいました。なぜなら、「S社が出したいのは、本当においしいものだろう」と思ったからです。**ブラインドで一番おいしいと感じてもらえたなら、満足してもらえるはず**と考えたのです。

そのかいもあって、商品化までスムーズに進行し、今となってはS社のプライベート商品はロングセラー商品となっています。

もしかしたら、相手軸で考えるのに疲れてしまっている人もいるかもしれませんね。「相手を思ってやっているのに報われない」「本質的な提案をできているか、わからなくなってしまった」などの悩みもあるのではないかと思います。

こういった悩みがあるのは、自分軸がなくなっている証拠。相手軸で考えるというのは、決して自分軸をなくすことではありません。相手の立場になり、自分軸で考えることを指します。

つまり、**自分軸をつくり、ブレずに持ち続けるのは大前提**です。相手軸の中に、自分軸を入れるイメージで考えてみてください。

相手軸で考えることのメリットは、相手に喜ばれたり、信頼関係が強固になったりといったこと以外に、もうひとつあります。

それは、お金のための仕事をしなくなるということ。

お金を稼ごう、売り上げをつくろうと思うと、どうしても目先の収益が気になります。

そうすると、少しでも早く収益を上げるために、手段にばかり腐心しがちになるでしょう。しかし、売り上げのためなのか、自分のためを思ってのことなのかは、相手には見えています。

私は相手軸を優先していることもあり、お金のための仕事をしたことはありません。もちろん、エム・トゥ・エムの設立当初の3年間はとても苦しかったので、当面のお金を優先したい気持ちも多少は湧きました。しかし、**お金のための仕事をすると価格競争になりますし、何より本質的にいいものを追求できず、小売店にも消費者にも最終的には喜ばれません。**相手のためにならないのです。

しかし、消費者に喜ばれる商品であれば、小売店の売り上げは伸びます。小売店の売り上げが伸びれば、結果的に自社の売り上げも上がるのです。

相手の喜びは自分へと巡り、また誰かの喜びへとつながるもの。すべて循環しているのです。相手軸で考えたことは、必ずあなたに返ってきます。

No.31

叶えたければ、大切な人に宣言する

仕事に限らず人生全般にいえることですが、目標を叶えたいのなら、人に宣言するのが一番です。

「叶えられなかったらどうしよう」「大それた目標だと思われはしないか」と不安に思うかもしれませんが、他人に宣言する以上に自分を奮い立たせる手段はありません。

2キロ痩せたい、声をかけられる前に同僚へ笑顔で挨拶をしたいなど、ささやかなことでもいいのです。どんどん宣言しましょう。

もちろん、誰に言っても同じ効果があるわけではありません。**「この人との約束は破れない」と思う相手こそ効果的。**人によっては親友かもしれませんし、自分の子どもという人もいるでしょう。

私の場合、一番効果があるのは父でした。エム・トゥ・エムが20周年を迎えたとき、「売り上げを2億円にする」と父に宣言したことが、昨日のことのように鮮明によみがえってきます。

当時の父は89歳。認知症の初期症状が現れていましたが、私のことを認識し**「レコードだな。すごいな！」**と言って涙を流してくれました。

同年、売り上げは2億円を超え過去最多を記録。残念ながら、この言葉が父からもらった最期の言葉となりました。

私は今でも、心の中にいる父に「もっともっと伸ばしてみせる」と宣言し続けています。

大切な人こそ、目標達成のカギ。きっとあなたの支えになります。

32-43

強くしなやかな女性になる
50の言葉

習慣編

HABIT

No.32 枕元にペンとノートを置く

精神分析医のフロイトは、「夢は無意識への王道である」と言いました。私も夢は、自分自身の潜在意識を知るのにとても有効だと思っています。

そして**夢は、起きているときには思いつかないさまざまなアイデアをくれます。**

自社ブランドの第1号である「カレールー 中辛」のパッケージデザインを黒にするのも、夢に出てきたアイデアでした。当時、黒いパッケージのカレールーはこの世になく、バイヤーには「葬式みたいだ」と反対されましたが、私は直感を優先。旧姓が黒田なので黒がいいという気持ちもありましたし、バイヤーには即座に「蛍光灯の光でカレールーが変色しないよう黒にすべき」と、得意のハッタリをかまして断行しました。結果、「カレールー中辛」はエム・トゥ・エムの看板商品となったのです。

また、2016年に発売したグルテンフリー商品「輝美カレールー中辛」に、グルテンフリーと記したシールを貼るのも夢で湧いたアイデアでした。このシールを貼ってから、なんと売り上げが3倍に跳ね上がったのです。今現在も、夢で出てきたアイデアをもとに新しい商品を開発中。ワクワクしています。

あなたもぜひ、枕元にペンとノートを置きましょう。起きた直後、夢の内容をとにかくひと通り記しておくのです。すると**次第に、自分の本当の声を探れるようになります。**

私の場合、祖父や母が助言をくれることもあり、天国から応援してくれているような気になることも。私の場合、「忘れてはいけない」と急いで殴り書きをした結果、汚くて読めないこともありますが、書きそびれるよりはよっぽどいいですよね。

No.33 好き・嫌いの感覚で世界を広げる

より豊かな人生を送りたいという願いは、誰もが心に抱いていますね。しかし、ではどうすれば人生が豊かになるかと考え、具体的な方法論に落とし込もうとすると、ピンとくるものがなくて戸惑うという人は少なくないようです。

勉強？　旅行？　人との交流？　どれも正解ではありつつ、本質的ではないというのが私の考えです。**人生の幅を広げるために重要なのは、何をするかということよりもあなた自身の感性がどう変化するか**ではないでしょうか。つまり、好き・嫌いの感覚こそ、人生を豊かにするカギだと思うのです。

そのためには、何より自分を知るのが重要です。**食べ物でも習い事でも、何でもトライして自分がどう感じるかをまず知る**のです。そうすると自分の好き・嫌いが自然とわかってくるでしょう。そこから、好きをきっかけに世界を広げていくと、人生はもっと豊かになるのです。

外食をするときはいつも同じ店の特定の料理と決めている人や、旅行に行っても地元の郷土料理を食べない人に会うと「もったいない！」と思ってしまいます。「失敗したらお金がムダになる」「SNSでの評価が低いものは嫌」など当人なりの理由があるのでしょう。しかし、**直感的に少しでも興味を引かれたなら、どんどん試すべき**です。それが、新しい扉を開けるということだと思います。

仕事以外のことにも果敢にチャレンジしてみましょう。新たなことを知り、好き・嫌いの感覚をどんどん貯めるほど、心に刺激が生まれて日々の幸福度がどんどん上がります。

No.34
縁を大切にする

仕事関連では従業員に取引先、お客様、プライベートでは家族に友人、趣味を同じくする仲間などさまざまなつながりがありますが、とてもありがたいことに私は、どの環境においても人に恵まれていると感じています。

新工場を設立するとき、いい土地がすぐに見つかったのもすてきな縁に恵まれていたから。関西の展示会で試食会をしたとき、大阪の友人が手伝いをしに駆けつけてくれたのも、縁のおかげだと思っています。

縁がいかに大切であるかは、きっとあなたも十分に理解していることでしょう。しかし、一つひとつの縁に感謝し、目の前の人にただ誠実に向き合うだけでは、すてきな縁を育むという意味では80点です。

一つひとつの縁を点だとするなら、**点と点をつないで線にし、線と線をつないで円にするようなイメージ**で人付き合いをしてこそ、いい縁が生まれると私は考えています。

もちろん、天に任せていても縁は育まれません。自分の頭の中で積極的に人と人をつなげたり、時に離したりを繰り返してこそ、縁は紡がれるのです。

一朝一夕にはできませんので、長い年月をかけて少しずつコツコツ蓄積していくしかありません。

私も人との縁については、これまでさまざまな努力を重ねてきました。前述した通り、名刺から代表取締役という肩書きを削除したのは、同業者の友人をつくるためなので縁づくりのひとつです。

もともとSNSは好きではないにもかかわらず、フェイスブックを始めたのも縁を意識してのことでした。消費者とゼロからのつながりを築きたいとの思いで、アカウントを登録するだけでなく、頻繁に投稿したり、カレー部というコミュニティのメンバーになったり、今となっては自分で驚くほどの活用っぷりです。

関西の展示会を手伝ってくれる人がいたのも、カレー部をフォローして活動しているからこそといえます。

同時に、新しい縁に恵まれるたびに、つないだり離したりを繰り返すのです。そうするうちに、想定外の縁が生まれます。

展示会で出会うお客様との**小さな縁さえ、大切にするのが私のポリシー**です。すると、鎌倉在住のお客様は、私が10年以上前に一緒に仕事をしていた問屋さんの担当者と知り合いであると判明したこともありました。

料理雑誌「レタスクラブ」で、夏カレーのレシピ企画を行うことになったのも、小さなご縁からつながった結果です。

縁には、決して受け身でいてはいけません。常日頃から、積極的な姿勢で縁づくりを意識するように癖をつけましょう。同時に縁を紡ぐときも、やはり謙虚な姿勢は大事です。横柄な態度をとったり、不誠実な対応をしていたりしたら、せっかく縁があったとしても離れていってしまいます。

謙虚な姿勢で誠実に対応したら、感謝の心を示すことも忘れてはいけません。ちなみに私はかれこれ32年近く、名刺交換をした方全員に、**感謝のはがきを送り続けています。**いい縁を育むひとつの要素ともいえるかもしれません。

出会いには、何かしら理由があります。出会いそのものが感謝すべきことなのです。最初の出会いはささいなことに感じられても、その縁を育めば他の縁へと広がっていきます。

No.35

自分らしさを色で演出する

仕事もプライベートも、うまくいくことばかりではありません。そうはわかっていても、いざつまずくと「自分の何が間違っているのだろう」と思い悩むこともあるでしょう。

そんなとき、うまくいっている人を観察したり、いいと思う部分を取り入れたりするのはいいことだと思います。きっと新たな気づきがあるでしょう。

しかし、**自分らしさまで変えてしまうのは考えもの。**なぜなら、人にはそれぞれのスタイルがあるからです。他人のスタイルは、あなたには合いません。

まねをするだけでは偽物です。しっかり自分自身のスタイルに落とし込まないと、本質的には何も成長しません。

もし私が死んでしまったとしても、次期社長となる弟には私のまねではなく弟のスタイルで経営してほしい。そう強く思います。

中には、何が自分らしいスタイルなのかわからない、その時々で自分らしさが変わるという人もいるかもしれませんね。

もちろん、自分らしさは一色ではありません。私もグレーなときもあれば、緑や青のときもあります。

さらに、**自分のスタイルは自らつくり出せるもの**であることを知っていますか。

自分のスタイルは、日々をとことん楽しみ、楽しんでいる自分を好きになることでつくられます。もちろん人との出会いも重要な要素ではあるのですが、私の場合、今の私のスタイルを築いた大きな要因は、明らかに仕事への前向きな気持ち。

つまり、「鎌倉カレー女王」、カレーをとことん楽しむ気持ちです。

今になって過去の自分を振り返ってみると私は、自分らしさを色で演出する場面もあったように感じています。

仕事を始めてからは、ズバリ赤。エム・トゥ・エムは名刺も法被《はっぴ》も赤ですし、展示会や取材では赤いスーツを選ぶことが多いです。意識していませんでしたが、2024年4月に仕入れた営業車もレッドメタリックでした。保険の営業時代に持っていたバッグも赤です。

「情熱の赤」という言葉がありますが、色彩心理学において**赤は熱さ、強さ、情熱、興奮などを表す**といわれています。無意識のうちに、仕事に打ち込もうとする気持ち、目標を成し遂げたい気持ちが反映されていたのでしょう。

実際に赤いものを身につけるとやる気が出ますし、自信も高まるように感じます。

しかし、学生時代は黒ばかりでした。黒には大人なイメージがありますね。早く大人になりたい、一人前になりたいという気持ちが強かったのでしょう。

なりたい自分像があるなら、色を使って自己演出をするのもおすすめです。**人と交流を深めたいなら親しみやすさを感じさせるオレンジ**、誰かの相談にのるならリラックス効果や疲労回復効果があるとされる緑、プレゼンテーションや会議には信頼感を与える茶色と、シーンごとに使い分けるのもいいでしょう。

相手はもちろん、自分自身の気持ちへもいい作用を生んでくれるはずです。

なりたい像があまり思い浮かばないようでしたら、まずは自分を分析するところから始めましょう。自分の長所、短所を確認していくと、ポツリポツリと何かしら理想といえるものが見えてくるはずです。

「突然、雰囲気を変えたら周りにびっくりされるのでは」と不安になるかもしれませんが、受け入れられるか、そして支持されるかは、やってみないとわかりません。わからないことは、あれこれ思い悩んでも無意味です。

深く考えずにトライすることも、大事ですよ。

No.36

1日1回、自分と向き合う

私自身、もともと猪突猛進の気質ですし、仕事が楽しいこともあり、エム・トゥ・エムを立ち上げてからは全力疾走の毎日でした。その結果が、脳梗塞でした。

当時の私には無理なこととはわかりつつも、ここまで体調を悪化させる前に、自分を労わるべきだったと重ね重ね思っています。そう思えるようになったからこそ、今では自分と向き合う時間を毎日必ず設けるようにしています。

どのくらい時間を割けるかは日によってまちまちです。30分のこともあれば1時間のこともあります。しかし、**どうにも時間を確保できない状況だったとしても、少なくとも5分のリラックスタイムを設ける**のがマイルール。

場所は、お風呂やベッドなど、心が落ち着くところ。余裕があれば、クラシック音楽を聴きながら、目をつぶってその日の自分と向き合うこともあります。その日1日の自分を振り返る間、心に浮かぶのは、ほとんどの場合が感謝の気持ちです。人への感謝、縁への感謝などの気持ちが湧くのは、いい1日を過ごせた証拠。逆に残念なことが思いつくときは、次どうするかなどを考えます。

「昨日と今日ではあまり違いがないのでは」と思うかもしれませんが、できごとはもちろん体調だって意外と日によってまちまちです。

仕事にプライベートにと一生懸命な人、特に役職がついている人や、自我が強い認識がある人は、私のように5分でも構いませんので、1日1回、自分と向き合う時間をつくってください。**毎日続けるのが大事**です。心身のコンディションを知れますし、時には気づいていなかった自分の間違いを正すきっかけにもなります。いいこと尽くめです。

No.37

毎朝、空を見上げる

朝、起きて一番に空を見上げ、笑顔で「おはよう！」と言うのも、脳梗塞になってから始めた習慣です。晴れていなければ空に挨拶は届きませんが、それでもその日ごとの空模様は私の気持ちを浄化してくれます。

脳梗塞になった後、6カ月は外出できませんでした。家で過ごす日々ということもあり、陰鬱とした気持ちが晴れることはありません。

頭を使って考えたくても頭を使えない。「自分はもっとできるはずなのに」という気持ちとともに、ストレスが募るばかりです。仕事命の人生でしたから、医師から「仕事は無理」と言われたときは、文字通り絶望しました。

毎日、死にたいと思ってばかりです。ノートに「死死死……」と書き殴ったこともありました。


そんな気持ちをリフレッシュさせてくれたのが、空でした。晴好雨奇とはよく言ったものです。**晴天でも雨天でも素晴らしい**、今でも心底そう思います。

晴れの日の、太陽と空の色は筆舌に尽くしがたい美しさでしょう。特に夏は、ひまわりの黄色が加わるとコントラストが効いてさらに美しく感じます。

雨は私にとって特別な日。そもそも私が出かけるときは雨が降っていることがまずなく、非日常の何かが起こりそうな期待感が広がります。雨の日は、特にすずらんが美しいですよね。下向きに咲いている姿が、雨のしずくを避けているようで、心を惹かれます。

曇りの日もまれなので、何かいいことがありそうな予感がします。

どんな空模様も貴重な情景。きっと、あなたの心も癒やしてくれるでしょう。

No.38 健全な身体は、健全な食からつくられる

「健全なる精神は、健全なる身体に宿る」という言葉をよく耳にするでしょう。このフレーズは、古代ローマの詩人デキムス・ユニウス・ユウェナリス著『風刺詩集』に登場する一節だそうですが、実はもともとの解釈とは異なっているのだそう。本来は「大欲を抱かず、健康な身体に健全な精神が宿るように望むべきだ」という意味だといいます。

しかし私は、健全な精神は健全な身体からつくられるというのも、また真なりと考えています。そして、健全な身体は健全な食べ物からつくられるのも、事実ではないでしょう

か。

人にはバイオリズムがありますし、女性には1カ月サイクルの心身のリズムもあります。そんな中、安定した精神を保つのは容易ではありません。どんなに穏やかそうな人でも、多少なりともイライラするのが普通でしょう。しかし、**身体のコンディションを整えておくと、精神の揺らぎを最小限に抑えられます。**

理想はやはり、標準体型。仕事に夢中になっていると年に1回の健康診断を億劫に感じるかもしれませんが、体脂肪や血圧、コレステロール値などが標準であるかがわかるいい機会です。決して軽視してはいけません。

健全な身体をつくるのは、野菜や魚、肉などバランスのいい食事です。やはり自宅で料理した食べ物が一番。なぜなら加工度が低いからです。

当たり前のことをなぜ改めて記すのかと思うかもしれませんが、食事はそれだけ大事なのです。本書をきっかけに、改めて普段の食事を見直してほしいと思っています。

私はもともと食べることは好きでしたが、食に気遣うようになったのは会社を継いでからです。ブランドにこだわる食品メーカーの社長が、巨漢では恥ずかしいという思いもありました。

エム・トゥ・エムのカレーは、無添加にこだわっています。加工度合いも少なくし、原料を混ぜて加工するだけのシンプルな製法で作っています。このような方針を築いたのは、本質を追求するブランドでありたかったから。

とはいっても、添加物入りの商品を否定するつもりはありません。他社はアミノ酸や香料、酸味料などさまざまな添加物を使っていますが、添加物を入れるとコストを圧倒的に抑えつつ味に厚みを出せます。

安価なものを提供することにも正義はありますし、それぞれの個性が異なるからこそ、エム・トゥ・エムが輝けているという側面もあるでしょう。

しかし、健全な身体、そして健全な精神を築けるのは、健全な食品を提供している私たちだからこそという自負があることは否めません。

実際に食に携わるようになり、展示会を訪れたり自分たちが出展したりする中でも食の大事さは改めて痛感され、無添加であることへの誇りはどんどん強まっていきました。

実際、お客様からのうれしい声も、日々たくさん届きます。消費者から電話がかかってくると、要件が「すごくおいしい」という感想であることが少なくないのです。**「人にプレゼントされておいしかったから、近くで扱っているお店を教えてほしい」**という電話もかかってきます。

すべて、私はもちろんスタッフ全員の励みです。

味も材料も製法もまっとう。健全な食品を多くの人に届けたいと思うのは、健やかな日々を過ごしてほしいという気持ちの表れでもあります。

No.39 朝1杯の薬膳スープカレーを

カレーに使われているスパイスは、漢方薬としても活用されています。つまり、薬としても使われるほど、体に影響をもたらすのです。

私も、スパイスで体が変わることを経験した一人です。大げさではなく、**私はスパイス、つまりカレーに救われました。**まさに私を脳梗塞の後遺症から救ったのが、エム・トゥ・エムのカレーだったのです。

カレーが脳にいいというのは都市伝説ではありません。カレーのスパイスは**抗酸化作用**

や血行促進が期待できますし、脳の機能を潤滑させる油も入っているため、特に朝食にとると脳にいいのです。一説によると、東大生はカレー好きだとも聞きます。

それを知ってから、私も脳梗塞の後、2020年12月から朝カレーの習慣を続けています。とはいっても、普通のカレーはドロッとしていて重いですよね。そこで、「お茶やスープのように飲める、サラッとしたカレーを作ってほしい」と工場長へ依頼して生まれたのが「薬膳カレールー」でした。「薬膳カレールー」は小麦粉を使っていないのでお湯でのばしやすく、スープカレーにもなります。ハーブティのような香りで、心も癒やしてくれます。

「まさか朝カレーで、後遺症が緩和されるはずがない」と思うかもしれません。しかし、「ここまでの回復は奇跡だ」と言う医師と一緒に考えても、**カレー以外の理由が見当たらない**のです。

抗酸化作用も血行促進も、心身はもちろん美容にもいい効能です。あなたも朝1杯の薬膳スープカレー習慣、始めませんか。

No.40

気持ちを穏やかにする場所を持っておく

健やかな食と身体を心がけていても、人生にはさまざまなことが訪れます。穏やかな気持ちをキープするのは、至難の業です。

しかし、**心を揺るがすような重大な事態こそ、突然やってくるもの。**だからこそ、「ここに行けば気持ちが落ち着く」と思える場所を、2つ、3つとあらかじめ持っておくことが大事なのです。

私の一押しは、自然に触れられる場所。なぜなら**自然の生命力は果てしなく、人間の想像を超えるほどに壮大な存在**だからです。

悩みの大きさはその時々でさまざまですが、どんなものも自然と比べるといかに小さいことか！　そう思えたら、きっと悲しみや苦しみ、つらさから抜け出せるはずです。

私も、どちらかといえば精神的に強い人間ですが、たびたび記している通り脳梗塞による精神的なダメージは、控えめに言っても甚大でした。

どうやっても、過去の自分を取り戻せないのです。経営者という立場柄、スタッフの生活を支えている身ですし、子どもたちだって育ちきっていません。

後悔なのか自己嫌悪なのか、はたまた運命のようなものへの憤りなのか、私の心は得体の知れないものに取り憑かれたような状態でした。

そうはいっても、嘆いていても何もよくならないのはわかっています。

気持ちを切り替えるために、さまざまなことにトライしました。鎌倉の近くに住んでいることもあり、リハビリを兼ねて始めたのは周辺の神社やお寺の御朱印集めです。周辺では飽き足らず全国各地を巡り、御朱印帳は40冊になりました。それでも、完全に心が晴れるわけではありませんでした。

そんな私を大きく変えたのは、建長寺の境内の最奥にある半僧坊へと行ったときのことでした。

鎌倉には実にさまざまな名所があります。私は鎌倉育ちではあるものの、建長寺を訪れたのは、御朱印巡りを目的としたこのときが初めてでした。

半僧坊は、建長寺の総門からは大人の足で30分程度、ゆっくり歩くと1時間弱のところに位置するパワースポットです。

足元をしっかり見ながら**約200段の石段を登ると、見たこともない世界が広がっていました。**これまでの人生で見たこともないような広い空、深い海、そして眼下には雄大な山々――。歩行禅という言葉もありますし、歩いて上ったのもよかったのかもしれません。言葉も出ませんでした。

なんて偉大なのだろう。そして私の悩みは、なんてちっぽけなのだろう。

起きてしまったことは仕方がない、考え方しだいでどのようにでも変えられる、心の底からそう思えたのです。また、歩き出そう。腹が決まりました。

晴れた日の材木座の海も、私の気持ちを穏やかにしてくれる特別な場所です。江の島まで望めますし、何より遠浅で波が穏やかなので、ただ波を見ているだけで心の安らぎを取り戻せます。

山に海、空、そして星。あなたのそばにも、自分を原点に立ち返らせてくれる場所はあるでしょう。

どんな悩みを持ち込んでも構いません。何度駆け込んでもいいのです。自然は必ず、そのままのあなたを包み込んでくれます。

No.41

頻繁に休む

心への大ダメージへの対処法が「気持ちを穏やかにする場所を持っておく」ことである一方、**小さいダメージへの対処法が「頻繁に休む」**です。

小さいダメージは、それこそ波のようにたくさん生じます。全力で仕事に向き合っている人、毎日を一生懸命に生きている人こそ、小さいダメージの数は多いでしょう。

だからこそ、心がパンクしないように、普段からある程度のコンディションをキープできるよう、頻繁に休息をとるのです。

長期休暇をとって一気にリフレッシュという方法もあるとは思いますが、私はおすすめしません。**状況が悪いほど、長く休んだとしても回復しきらないことがある**ためです。それよりも、日常生活に休みを小刻みに挟むほうがバランスを保ちやすいでしょう。

私も脳梗塞になってからは、出勤時間を1日5時間以内に抑えるようにしています。仕事をするのも週3~4日ほど。

実質的な労働時間が減っても、売り上げが下がっていないのは幸いといえます。図らずも、脳梗塞前に耕したものが実っているのです。

しっかり睡眠をとっているから大丈夫と自分では思っていても、休息が不十分ということが少なくないので要注意。

私はスマートウォッチでストレスレベルを測定していますが、睡眠中もストレスレベルはずっと高いままです。経営者や役職者は、**寝ている間も仕事について考えてしまい、脳**

が休まっていない可能性があります。

休んでいる間にするのは、自分が本当に好きなこと、今しかできないことなど何でも構いません。要は、リラックスできればいいのです。

パソコン作業の多い仕事をしているなら、体を動かすのがおすすめです。温泉やサウナ、岩盤浴で血流を良くするのもいいでしょう。

オフィスでも、デトックス効果のあるハーブティーを飲むような工夫をすれば、ちょっとした休憩の質が上がります。

ベランダがあるなら、外へ出て空を見るだけでも気持ちがスッキリするかもしれません。

ちなみに子どもたちには、シューベルトのオルゴールをすすめています。ただし1回3曲まで。長くかけても、それ以上の効果は見込めないように思うからです。

人というのは、休まずに動き続けていると、思考でいっぱいになります。しかし、少し休むと心が鎮まり、自然と思考が整理されるはず。

思考が整理されると、本来考えるべきことが明確になりますし、止まっていた勘もさえ渡るようになります。アイデアだってどんどん湧くでしょう。

ただし、自分のストレスの元凶となっている対象について考えてしまっては、休む意味がありません。仕事で悩んでいるのなら、「休んでいる間だけは仕事については考えない」と割り切りましょう。

どうしても頭に浮かんできてしまうなら、ノートに書き留めて「後で考える」と自分を悟すのです。

休むときは休む。しっかり思考をストップさせ、脳を休ませてください。

No.42 体の黄色サインを見逃すな

まさか自分が脳梗塞になるとは思いもしませんでした。しかし今思うと、予兆は2年前からあったのです。

2013年には腸閉塞になって入退院を繰り返していましたし、限界が近いことを体は何度も私に訴えていました。見て見ぬふりをしたのは私です。

もちろん病気になったら休んでいましたが、対症療法でしかありません。一度治ればまた全力疾走するので、**根本的に解決しなかった**のです。ちょっと違和感を覚えても寝れば治ると考えたり、アルコールで紛らわせたり。振り返ると、あれもこれも無茶だったのかなと思うことが、いくつも思い浮かびます。しかし、当時はわからなかったのですね。

私のように、多少の不調はなんとかなると、体のサインをおろそかにしてはいませんか。病気は赤信号、不調は黄色信号。**黄色信号は、病気という赤信号がすぐそばまで来ていることのサイン**なのです。もしかしたら、無茶を続ける私を見かねて、体はわざと病気を選んだのかもしれません。無意識に休息が必要であると感じ、自ら脳梗塞を選択したような気もします。人は、無意識にはあらがえません。

黄色サインは、不眠症、飲酒過多などさまざまです。不眠症は不安に由来しているので、ストレスの原因を探して除去しなければなりません。時には環境を変える必要もあるでしょう。飲酒過多のときは、依存症の可能性があるのでカウンセリングへ行くべき。**他人から指摘されるのは、かなり赤に近い黄色サイン**です。

重大な事態に陥る前に、自分の体をねぎらってほしいと切に願います。

No.43 継続すればどんなことでも強みになる

どんなにいいことも、きちんと続けなければ体験や経験にしかなりません。習慣というのは、続けた結果。すなわち、**中身がいかに素晴らしいかということよりも、続けることのほうが大事**なのではないかと思うことがあります。

もちろん悪習慣は存在しますが、いいことであればどんなにちっぽけなことでも自分の強みになる。そう思うのです。

名刺を交換した相手にお礼のはがきを送り続けて約32年になりますが、始めた当初は「出会えたことへの感謝を伝えたい」という思いひとつでした。大きく「感謝」と印字してあるところに、手書きでひとこと添えるだけなので、すごく簡単です。しかし、簡単なら続けられるということでもないようで、人に話すとよく驚かれます。

送った相手の数は、おそらく延べ数千人になるはずです。もちろんはがき代だってかかりますが、メールよりもずっと気持ちが伝わりますよね。少なくとも、記憶に残るのではないでしょうか。

夢ノートを書くこと、そして食事の管理も、かれこれ12年続けているので習慣と呼べるでしょう。

運動も始めてから20年近くになります。長男と次男がフットサルを始めたときに「お父さんとお母さんも一緒にやろう」と誘われたのをきっかけに、35歳のときにフットサルを開始。脳梗塞後はさすがにフットサルをするのは困難で、ゴルフとジムに切り替えましたが、いずれも今なお続けています。

「続けることそのものが難しいんだよ」という声が聞こえてきそうですね。私個人としては、習慣化したいのならむしろ無理に続けようと思わないほうがいいと考えています。続けなければと思うとプレッシャーになり、どんどんマイナスなイメージが湧いてしまうでしょう。代わりに、「やめないようにする」のです。

つまり、毎日、毎回続けなくてもオーケー。たとえ間隔が空いても、**思い出したときにまたやれば、やめたことにはなりません。**

また、続けやすい工夫をするのもポイントだと思います。

たとえばお金をかけるのはどうでしょうか。私がジムに行き続けられているのは、月謝を払っているからというのも大きいかもしれません。「今月分を払っちゃったから行かないとな」という気持ちが湧くと、気乗りのしないようなときも重い腰が上がります。

数値化するのも効果的です。私は食事を管理するのに、「カロミル」というアプリを使っています。やはり数字の説得力は偉大。カロリーとPFCバランス（P：たんぱく質、F：脂質、C：炭水化物）を数字で見るとパッと理解できます。

現在地が明確ですし、「バッチリ余裕で達成！」「あと少しだった」など、数字があるほうがやりがいが実感できます。

もちろん、カロミルで計らない日もあります。大切なのは、完璧さではなく、継続すること。**「またやろう」と思えることのほうが、よっぽど大事**です。

「継続すると、やめどきを見つけられなくて困りそう」と思う人もいるかもしれませんね。長く続けたことでも、**自分自身が満足したとき、そして他の目標が見つかり新たに始めるものができたときは、やめてよし。**

ダイエットをしたくて食事制限を続けていても、目標体重になったら終わりにして構いません。ゴルフも、目標のスコアを達成したら練習をやめていいのです。

そのくらい気軽でいるのも、継続させるコツです。

44–50

強くしなやかな女性になる50の言葉

家族編

FAMILY

No.44

先祖を知る

祖父は、私が4歳のときに他界しました。それでも、「じいじ〜」と呼んで祖父を慕っていた記憶はしっかりあります。祖父のことは今でも大好き。そして尊敬もしています。

祖父・黒田長蔵は16歳のときに老舗西洋料理店「上野精養軒」で働き始めました。「天皇の料理番」と呼ばれる秋山徳蔵さんは、上野精養軒で修業していたときの先輩で、とても厳しく怖い人だったと聞いています。

祖母と結婚し、日本橋で洋食店「レストラン太平洋」を開業した後も、秋山さんと一緒に東郷平八郎氏の家へカレーを作りにいくこともあったそうです。
「太平洋の味を家庭でも食べたい」という声に応えるかたちで生まれたのが、粉末タイプのホワイトソースでした。時は昭和８（１９３３）年。技術そのものを祖父が開発したので、太平洋のホワイトソースが日本初の粉末ホワイトソースだったと聞いています。

私は迷うことがあると浅草にある祖父のお墓へ行き、報告するようにしています。すると不思議なことに、何かしらいつも導きのようなものがあるのです。たとえば祖父が夢に出てきてアドバイスしてくれることもありましたし、突然、新たな仕事が舞い込んだこともありました。

しかし、**見守ってくれているのは祖父だけではない**ようです。高野山にもお墓があるのですが、高野山に行っても必ず何かが起こります。最も驚いたのは、高野山へのお墓参りの帰り道で、電話が鳴ったときのこと。電話の主は和歌山で有名なスーパーO社で、エム・トゥ・エムの商品を扱いたいと言うのです。

このときばかりは鳥肌が立ちました。後日プレゼンテーションし、今でもO社は大切な取引先です。

先祖の家系図をたどると、みな食関連の仕事をしていることがわかりました。もちろんたどれる範囲に限界はありましたが、驚くほどに食ばかりなのです。

高祖父は江戸城に寿司を卸す仕事。曽祖父・政吉は上野精養軒に学び、1876年に浅草区（今の台東区）北仲町、区役所横町にフランス料理「太平洋」を開業しました。祖父・長蔵も1913年から上野精養軒に学び、大阪都ホテルや神戸オリエンタルホテルを経て、家業に入ります。1928年区画整理で室町一丁目に移り、本格的なレストラン開業、先代からの屋号「レストラン太平洋」を名乗りました。

また、祖父の兄は日本橋で天ぷら屋をしていました。今も「天茂」という名で続いています。

私と弟が食の仕事をするのは、おそらく使命なのでしょう。倒産せずにエム・トゥ・エムを続けられたのも、こうしてどんどんお客様を増やし続けられるのも、血脈あってこそ。

弟は神のような舌を譲り受けています。私に継承されたのは、商売のセンスとおいしいものを見極める嗅覚といえるかもしれません。地方出張に行くと、飲食店選びでもお土産選びでも、これまでハズレはゼロなのです。
今思うと、新工場を建設している1年間、休日以外ではずっと雨が降らなかったのも、先祖の見守りなのかもしれません。
先祖を思うたび、感謝の気持ちでいっぱいになります。

そういえば、父から会社を継いでくれと言われた後、弟からも「一緒に会社を立て直してほしい。先祖の歴史をここで終わらせるのはもったいない」と涙ながらに懇願されました。先祖に見守られている感覚は、弟も同じなのかもしれませんね。

自分の血筋を知るのはとても大切なこと。自分一人でこの世に生まれ落ちたわけではないのです。スピリチュアルな意味だけでなく、遺伝の文脈で考えても先祖を知るのは大事だと思います。ぜひ、**お墓のあるお寺を訪ねてみてください。**先祖を知ると、きっと何かしら発見があるはずです。

No.45

父の導き、母の愛

私の家は、男が家業を継ぐという考え方であったため、女性である私は自由奔放に育てられました。

小学校は公立に進んだものの、中学校は受験して私立の女子校へ。しかし3年生になった5月のこと、私は他校の学生とけんかをして退学を言い渡されてしまいました。

一対一の勝負でしたが、相手がナイフを手にしたこともあり、私は素手ながらも相手に大きなケガをさせてしまったのです。

母は泣いていましたが、**こんなときでさえ、両親ともに私をとがめることはありませんでした。**

当時、神奈川県の中学校では内申書と学力試験に加えて、アチーブメントテストで高校入試の選抜を行っていました。アチーブメントテストが実施されるのは、2年の3月と3年の2月の計2回。しかし、もともと通っていた私立の中学校ではアチーブメントテストを実施していなかったため、私は公立高校の受験要件を満たしていないのです。私立の中学校を退学し、公立の中学校へと転校した私に残された道は、私立高校のみでした。

もちろん一生懸命に勉強しましたが、結果は敗北。**私の進学を許してくれた高校は、なかった**のです。

中学卒業と同時に、社会へ出る選択肢も考えました。しかし、それまで自由に育ってきた私に何ができるでしょう。そもそも進学しか考えていなかったのです。希望の職種もありませんし、中卒の女性を雇いたい会社だって簡単には見つかりません。

そのときの父の言葉は、今でも忘れません。**「日本で落ちただけでしょう。アメリカに行ったら」**と言ってくれたのです。

4月から7月まで、私はアメリカの高校へ短期留学することにしました。ロサンゼルスから車で1時間ほどの、海辺の町にある高校でした。私は英語を話せませんでしたが、単身で渡米。しかし、充実の3カ月でした。

帰国後は母のすすめで、近隣の私立高校へ進学しました。そこまで偏差値が高い高校ではなかったため、成績は常に学年で1～3番。そうして無事、卒業したのです。

父は弟と同じく、あまり話好きではありません。そもそも子どもについては母に任せているのか譲っているのか、とにかく干渉しません。だからこそ、父からの進言はとても貴重でした。

確実に、私の人生を大きく変えました。

母は私が17歳のときに他界したので、長い期間、一緒にいられたわけではありませんが、母娘の仲はとても良かったと思います。

私自身、子育てをするようになってから家庭でもいろいろとありますが、冷静でいられるのは**「母ならどうしただろう」と考えるだけで正しい道が示される**ため。それだけ母は偉大であり、尊敬すべきところで満ちていたのです。

母に叱られた記憶はほとんどありません。唯一、覚えているのは私が小学2～3年生のころ。今でも「なんて恥ずかしいことをしたのだろう」と、思い出すたびに顔が赤らむ思いですが、私は噛み終えたガムを神社に植えられている木にくっつけた上、お賽銭泥棒をしでかしたのです。

それを知った母は私の顔をひっぱたき、「神様になんてことをするんだ」と言いました。その後の母の言動が忘れられません。**「一緒に謝りにいくよ」**と言い、お賽銭の返却についてきてくれました。

母との時間は短かったですが、それでも十分な量の愛情を受け取りました。

No.46 幸せを家族に見いだすと幸福度が上がる

経営者というのは孤独です。これだけ強気の私でさえ、孤独は感じます。

「姉弟でやっているのだからまだマシだろう」と思うかもしれませんが、むしろ姉という立場だからこそ、工場長である弟には相談しにくいところがあるのです。

あなたも孤独を感じることがあるかもしれませんね。しかし、孤独感を仕事で穴埋めしようとするのだけはいけません。**仕事では心が休まりませんし、時間を埋められても孤独**

感は埋まらないのです。

経営者や管理職の場合は、社内の人と仲良くするのもほどほどにしましょう。立ち位置や存在意義がブレてしまう可能性があるからです。

では孤独感をどのように埋めればいいかというと、それは家族や友人です。

昔から、私の孤独感を消してくれるのは、家族や友人たちでした。特に大きな癒やしとなるのは、やはり子どもたちです。ずっと仕事に奮闘していましたが、家族をおろそかにしたことはありません。家庭との両立は、割にうまくいっていたのではないかと思います。子どもが生きている年数と、親が子育てしてきた年数は一緒です。**子どもと接しているだけで、共に育っている実感が湧き、**自然と幸せがこみ上げます。

今、支えとなっているのは長男とおしゃべりをするひとときです。

現在、長男は24歳。他社に勤めていますが、5年後にはエム・トゥ・エムに入り、段階を踏みつつ社長への道を進んでいこうとも話しています。子どもたちと深い話をすると心が満たされますし、将来への楽しみな気持ちが膨らみます。

家族の形は、いろいろあるとは思います。中には、両親との関係がうまくいかず、幸せを見いだすどころかマイナス感情ばかりが募る人もいるかもしれません。

そんなときは、無理して幸せを感じようとしなくて大丈夫です。誰しもそういうときもあると、割り切るのも大事だと思います。

相手にもタイミングや、感情の揺れがありますよね。良かれと思ってしたことが裏目に出るのはよくあることですし、そのときが来るまでゆっくり待つのです。りんごの木を心に描きながら。

もちろん、手紙を書いたり、プレゼントを贈るのはいいことです。母の日や誕生日などは、関係を少しずつ改善させるチャンスです。

私も両親との仲がうまくいかず、一定の距離を置いたこともありました。しかし**距離を**

置いている間も、誕生日のメッセージだけは欠かしませんでした。

逆に、家族ではなく自分に目を向けるのもいいでしょう。自分自身が、家族に誇らしく思われるような存在になるにはどうしたらいいかと、発想をシフトさせるのです。

家族は近すぎるゆえに苦労することもありますが、焦らずに待ち続ければきっと状況は改善します。

家族や友人以上に、素の自分を開示できる相手はいないのではないでしょうか。仕事ももちろん大事ですが、自分自身をつくっているのはプライベートでもあります。

仕事を追求しても、人としての根本的な幸福度は上がりません。**最終的によりどころとなるのは、ありのままの自分を受け止めてくれる家族や友人以外にはいない**のです。

No.47

子どもを厳しく育てる

子どもが小さいころからよく言っていたのは、「失敗は最大の教科書」「最大の敵は自分自身」、この2つです。考え方そのものは、とてもシンプルでしょう。

しかし挨拶や礼儀にはとても細かく、私は控えめに言っても厳しいタイプの親だったのではないかと思います。

たとえば、混雑している電車やバスでは、「子どもは座るべきではない」と教えました。

子どもは運賃を半額しか払っていません。大人が立っていて子どもが座るのは、図々しいでしょう。少なくとも謙虚ではありません。

ただし厳しいことを言うときも、上から目線ではなく、**子どもも親も対等な立場で伝えるのが私流。**そのかいあってか、子どもは今、みなしっかりとした大人に育ちました。

長男が幼少期にフットサルを始めて間もなく、私は監督から「コーチをしてもらえないか」と打診されました。快諾してからは、自分の子どももフットサルに通う他の子どもたちも同じ。責任ある身として、どの子も対等に厳しく教育しました。

技術的なことを教えるのが監督であるなら、心を育てるのがコーチです。アメとムチを使い分けつつ、私は幼い子どもたちがコミュニティを形成するためのサポートに徹します。

子どもの教育というのは、小さいときほど大事です。幼少期に障害物から逃げる癖がついてしまうと、小学校や中学校と進み社会人になっても、逃げ続ける人生を歩みがちだといいます。

そうならないためには、たとえ未就学児であっても、いいこと、悪いことをきちんと伝えなければなりません。厳しいことだって口にしなければならないのです。

そして、**子どもの心がのびのび育つよう、環境を整えるのもコーチの仕事**だと思っていました。

挨拶をしない子には、試合の当日であろうと「お前は試合には出さない」と言います。ある日、「試合に出さない」と言っても、うなずくだけの子がいました。「これからどうするの？」「このままでいいの？」と問いただしても、うなずくだけなのです。その子の目線をたどると、子どもをにらむ親の顔がありました。

その子は、親の怖い顔を見ておびえていたのです。たとえ親であろうとも、子どもへの指導を阻害する対象であるなら私は躊躇しません。

私はその親に、「今はあなたの子どもではなく選手です。怖い顔をするなら離れてください」と伝えました。するとその子は、間もなく「すみません」と口にできるようになりました。

反省し、謝れたら試合に出場してよし。**その子は、その試合で初ゴールを決めました。**

その瞬間、母親が喜び、私に抱きついてきたのをよく覚えています。

子どもにとっても親にとっても、いい経験になったでしょう。

ちなみに、フットサルのチーム名は「バッカス」です。バッカスというのはローマ神話の神様で、「豊穣と酒と狂乱の神」といわれています。名付けたのは私ですが、この名に決めたのは「お酒が好きだから、バッカスがいいんじゃない？」という周りの声がきっかけでした。

しかし、スローガンだけは私自身の意志を反映したものにしたいと、「挨拶をすること、目標を持つこと」に決定。

フットサルのコーチをしていたのは数年ではありますが、厳しい教育も含め、当時の私の言動が、地域の子どもたちの心を育んでいたら、とてもうれしく思います。

No.48 子どもの失敗は包み込む

子どもは失敗しながら学ぶもの。厳しく育てたからといって、トラブルを起こさないわけではありません。

長男のトラブルで最も印象深いのは、学校でもめごとがあり先生に呼ばれたときのこと。実際にもめごとを起こしたのは4人だったようですが、長男は自分の非を認めた一方、他の3人は認めなかったため、長男だけが悪者になった構図でした。

帰り道で、くよくよしている長男に「失敗は最大の教科書」と伝えましたが、「そうなんだ……うん」という感じの反応で、そのとき理解できたかは不明です。

しかし、まだ中学生でしたし、何より**正直に言えたことにフォーカスするべき**だと考えました。

次男の起こした最も大きなトラブルは、コンビニエンスストアでの万引きです。小学1年生のときのことで、店員が発見し親が呼ばれました。

もちろん学校へも、連絡は入っています。しかしコンビニエンスストアは小学校へ名前までは伝えないため、学校としては誰が万引きをしたかまではわかりません。

正体が誰なのかは、私と次男の間でとどめることもできただろうとは思いますが、私は次男に「学校へも謝るべき」と言いました。学校は戸惑っているはずですし、迷惑だってかかっています。

次男は泣きながら、私に「ごめんなさい」と繰り返し言いつつ、「友達みんなが離れていくのが怖い」「みんなに嫌われるかもしれない」と悩んでいました。しかし、やったことは事実なので「ごめんなさい」は必要です。

私が次男にかけたのは、**「みんなが嫌いになっても、私はあなたを守るよ」**という言葉。そして学校へ一緒に赴き、校長先生に謝罪しました。

その後も次男は、食べなかった弁当をトイレの便器に流したり、大学を中退したりと長男以上にいろいろなことを起こします。

しかし、成長過程ではトラブルは必ず起きますし、**誰もが迷惑をかけて大人になる**のです。もちろん私だって、親には迷惑をたくさんかけました。

親は子どもがかわいいものですし、泣いているわが子を見ると「代わりに謝ろうか」と思うかもしれませんが、子どものためになりません。

親の役割は肩代わりすることではなく、人の手を借りず自分の力で何事も解決できるまで、正しい道を示し導いてあげること。

子どもが自分で解決するところを支え、見守ること、そして失敗そのものを包み込むこ

とこそが親の務めだと思います。

人生は勉強の連続です。失敗は学びの宝庫です。子どもが失敗をしたら、避けたり隠したりせず向き合い、忘れることなく自分の糧とするにはどうすべきか、親も一緒になって一生懸命に考え、全力を尽くすべきではないでしょうか。

「私はあなたのことが一番好きだよ」と、子どもの目を見て伝えるのも大事だと思います。子どもが複数いるなら、それぞれの子どもと二人きりの状況をつくり、「でも内緒よ」と添えるなどの配慮は必要です。

しかし、一番が2つ、3つとあってもいいと私は思います。ありのままの自分を受け入れられていると感じれば、子どもはきっとどんなときでも、前向きに突き進めるようになるでしょう。

No.49 障がいは個性

子どもを育てる中で、「この子は他の子と少し違うのでは」と思うことは少なからずあるでしょう。もちろんポジティブな意味合いであればいいですが、ネガティブなときは不安な気持ちが募るかもしれません。

しかし、**もし障がいがあったとしても悲観する必要はありません。**ただの個性、そのくらいの気持ちでいるべきだと思います。私がこういう発想を持てるようになったのは、高校時代のアメリカへの短期留学が大きく影響しています。

アメリカでは、LD（学習障害）、LGBTQ（性的少数者を表す総称）、ADHD（注意欠如・多動症）などに該当する人も、それぞれを個性として捉えて生活しています。

同時に感じたのは、日本人はとにかく平均が好きだということ。人と同じであること、大多数であることを好むからこそ「和」という言葉が生まれているとも思いますが、人と違うことを恐れる点、異常と感じる点には賛同しかねます。

長男も、小学1年生のころにLDと診断されました。本人はコンプレックスに感じていたのでしょう。ある日、「LDでごめんなさい」と泣きながら言われたときは、とても驚きました。私はとっさに**「何を言っているの、あなたは金の卵なのよ」**と伝えたように思います。

みんなと違うことは個性です。決して悲観する必要はないですし、乗り越える必要だってないのです。子どもも親もそう思うところから始めてほしいと切に願います。

No.50 後悔は未来へ、空へと翔ぶ糧になる

私の失敗談は、本書でも包み隠さずいろいろ披露しましたが、私が人に迷惑をかけたエピソードは、これでもすべて書ききれてはいません。

小さいころは、「暴れん坊将軍」と呼ばれたこともある私。子どもがトラブルを起こす様子を見守りながら、自分の過去と重ねたことも一度きりではありません。

特に父には、実に多くの迷惑をかけました。

幼いころは、子どものことは母がすべてやってくれているように感じていましたが、今になって弟と昔話をすると、実は私の誤認も混じっていることがわかります。

私たちが幼少期のこと。父は子どもにマンガを買ってきました。私が「マンガが欲しい」と言ったのに、弟は『宇宙戦艦ヤマト』を買ってもらえた一方で、私は何ももらえなかった、そう思っていました。

しかし、「お姉ちゃんには少女マンガを買ってきていたよ」と弟が言うのです。私は『ブラック・ジャック』がよかったのに、少女マンガなら要らない」と言ったのだそう。私にも買ってきてくれていたとは、衝撃でした。

同時に、「父は私が覚えていないだけで、もっとさまざまなことを私たちにしてくれていたのかもしれない」と思ったのです。

祖母も近しい距離感であったとはいえ、母は17歳のときに他界していますから、それ以降、**親の役目をすべて引き受けたのは父一人**です。

クレジットカードを持ったばかりのときはうれしくて、欲しいものを買っているうちに300万円ほどになっていたことも、私の恥ずかしい歴史のひとつです。もちろん20代の私に、300万円もの支払い能力はありません。

即座に対応してくれたのも父でした。私は以降、少しずつ返済していきましたが、父は当時、どんな気持ちだったでしょう。

父に関する最大の後悔は、私が脳梗塞になった後、父がお世話になっている施設へ行けなかったことです。

最後に父に会ったのは、2020年です。以降、面会はおろか、電話もしないまま2年が過ぎ、2023年7月、父が他界したとの連絡が入りました。

普通自動車免許がなくなったとしても、電車とタクシーでも行けたはずなのに、なぜ行かなかったのか。

生きているうちに会いたかった。もし会えていたら、**「私のお父さんでいてくれて、あり**

がとう」と伝えたかった――。これが、悔やんでも悔やみきれない私の過去最大の後悔です。

しかし、いくら後悔しても父が生き返るわけではありません。そして、私が後悔して嘆くことを、父が望んでいるわけでもないでしょう。

誰もが、人に迷惑をかけるものですし、後悔だってします。だからこそ、後悔したとき、どう考え行動するかが重要なのです。**迷惑をかけても後悔しても、しっかり向き合えば必ず学びがあります。**

後悔は、現代から未来へ、そして空へ翔ぶ糧！　後悔まで味方につけられたなら、ありのままの自分が、どんどん明るく強くなるはずです。

Final chapter

私もあなたも、未来は明るい

未来を思い、今の行動を大切に

私は、挫折も失敗もたくさん経験しましたが、決して負けません。**チャレンジし続ければ、夢は必ず叶う**と信じています。エム・トゥ・エムを軌道に乗せること、新工場を設立すること、脳梗塞から立ち直りまた仕事をすること。実際にこれまでも、さまざまな夢を叶えてきました。

あなたの夢も、きっと叶います。

ちなみに私が今、描いている夢は新ブランド「鎌倉カレールー」を成功させること、海外での売り上げを伸ばすこと、そして実店舗のオープンです。

私たち家族はもともと東京・台東区や中央区で事業を展開していましたが、太平洋戦争中の東京大空襲で店舗や工場を失ってから居を構えているのは鎌倉です。ここ鎌倉での歴史は80年近くなり、すでに東京での歴史よりも長くなっています。そろそろ**鎌倉の名を背負って、地域の誇れるブランドを世に出したい**というのが、ひとつ目の夢です。

海外進出は10年以上前に始まり、すでにアメリカやフランス、イギリス、グアムでヴィーガンやグルテンフリーの商品を中心に取り扱いがあります。当初は日系スーパーがメインで現地在住の日本人向けに展開していました。今では、英語表記のものがネットでどんどん売れ出しています。欧米人の健康への関心の高さは、計り知れません。

２０２３年12月には、全日本カレー工業協同組合が農林水産省の食品輸出促進団体に認定されました。もちろんエム・トゥ・エムも、全日本カレー工業協同組合に加入しています。

日本のカレーを海外に広めたいという志は農林水産省と同じですし、２０２４年の秋にはドイツやフランス、シンガポール、イギリスの展示会に出展予定です。日本のカレーの魅力をたっぷり発信していきます。

ゆくゆくは、会社の売り上げ構成比率の3分の1を輸出分にしたいと思っています。現在はわずか1パーセントですので、頑張らないといけません。

そして、実店舗を構えるのは、絶対に譲れない一番の夢。私のおいしいものを見抜く嗅覚を生かしたアンテナショップと、弟の豊かな発想と確かな技術を存分に満喫できるレストランを併設したお店を築きたいのです。

レストランのモデルは、祖父母が営んでいた「レストラン太平洋」——。実はこれは、祖母の遺言でもあるのです。私がまだ若いころ、**「戦前やっていたレストランを再建してほしい」**と、祖母が私に涙ながらに語ったことがありました。

祖母はそこまで、ものに執着する人ではありません。エム・トゥ・エムを創業した直後、「当面の借金を減らすために、実家を売るべき」と私が提案したときも、父は「母の家だから絶対に嫌だ」と反対したにもかかわらず、祖母は快諾してくれたのです。

「業績が回復した後、また家を買ってくれればいいから」という祖母の言葉には、今でも深く感謝しています。

私たちが鎌倉で育んできたこれまでの道のりと、祖父母のレストランを融合させた実店舗は、地域の人からも観光客からも喜ばれるに違いありません。

この3つだけでも、私の代だけで実現できるようなことではないですよね。しかし私の夢、つまり目標は、次はアレルゲンフリーの新工場、その次は別業態の食品工場の設立と、どんどん続きます。

20年、30年先を見ると、ルーだけでは不安です。需要は変化するものですし、すでに世の中の需要はルーからレトルトに切り替わっています。また、事業が増えるほど安定させやすくなりますし、いい循環も生まれるはずです。

そもそも人は、目標があるからこそ今この瞬間が輝くのです。

一歩一歩、前進する過程そのものが、楽しくて面白いこと。イソップ寓話に収録されている『ウサギとカメ』のカメのように、**進み続けていれば必ず勝てる、**そう信じることこそ、明るい未来を招く一番のファクターだと思います。

おわりに

エム・トゥ・エムを設立したのは1999年のこと。本書を執筆している今、25周年の節目を迎えています。

四半世紀の間には、多額の借金を抱えたこと、脳梗塞になったことという二度のどん底以外にも、さまざまな問題が日々生じました。本書で記した通り、ケ・セラ・セラの考えをもともと持ってはいたものの、一つひとつの出来事を思い起こすほどに「よくここまで来たものだ」と我ながら感心します。

ここまで来られたのは、決して私の力だけではありません。**エム・トゥ・エム**

の土台を築いてくれているのは明らかに、商品を作り消費者に届けるために全力を尽くしてくれている自社スタッフです。

私が父から家業を継いだときには、「こんな娘が社長なんて」と落胆したスタッフも少なくないでしょう。それでも信じてついてきてくれたのですから、感謝以外の何物でもありません。

そして、商品を売ってくれる小売店、そして小売店との橋渡しをしてくれる卸業者の方々も、エム・トゥ・エムのよき理解者だと思っています。

ヒット商品を出せるのは数年に一度。それ以外は新商品を出してもヒットせず、販売終了になる商品もあります。それでも私たちの挑戦の気持ちに寄り添い、売り続けてくれるからこそ、エム・トゥ・エムはここまで来られました。

材料メーカーへの恩は、どれだけ返しても返しきれないほどです。エム・トゥ・エムの立ち上げ当初、大きなツケを返したくても返せないとき、それでも材料を提供し続けてくれたことは一生忘れません。

材料の提供がストップしていたら商品は作れませんので、いうまでもなくエム・トゥ・エムは3年で廃業となっていました。


消費者が手にする機会が増えるにつれて、はがきやメールでうれしい感想がどんどん届くようにもなりました。消費者の方から電話が入り何事かと思うと、要件は「おいしかった」ということを伝えるだけということも少なくなく、私はもちろん工場のスタッフの励みになっています。

もちろん厳しい意見にも気づきがありますし、一つひとつの声が感謝でしかありません。


そしてやはり、**エム・トゥ・エムの礎となっている先祖への感謝**も言及せずにはいられません。

特に145年前、私の曽祖父が西洋料理店を開いていなければ、祖父が粉末ホワイトソース・カレールーを開発することも、父が製造メーカーの下請けとして家業を継続することも、そして私がこうしてエム・トゥ・エムの代表を務めることもなかったのです。

そして家族。家族は私の心の支えです。脳梗塞になっているところを発見してくれたのも、リハビリ中の心身ともにつらい時期にそっと寄り添い私を鼓舞してくれたのも、家族でした。エム・トゥ・エムにとっても私自身にとっても、家族は命の恩人です。

専務取締役兼工場長である弟・順麗。

あなたへの感謝は言葉にはできません。あなたと私は、昔から真逆のタイプでした。私はあちこち出かけてはやんちゃばかりしている一方、あなたは静かでものづくりが好きだった。

高校生のときの「上野精養軒のコックになりたい」という夢を叶えてあげることはできなかったけれど、それも今ではエム・トゥ・エムへとつながる導きだったのではないかと思っています。

フランス料理店で隠し味にしているような原料を使ってみたり、展示会に足しげく通ったりする研究熱心さ、そして神のような舌は、明らかにエム・トゥ・エムの大きな成功要因です。本当にありがとう。

普段は寡黙なのに、お酒が好きでビールを飲むとおしゃべりになるところもあなたの個性。**もし私に何かあっても、そのままのあなたを貫いてほしい**と思っています。

私はなんてラッキーな人間なのでしょう。生きれば生きるほど、感謝すべき人が増え、幸せが募ります。

もしかしたら、私は人よりラッキーなのではなく、人よりラッキーを見つけるのがうまいだけなのかもしれません。ラッキーは探すものではなく見つけるもの。**ラッキーなこと、人生の幸せは、みなさんのそばにもすでにたくさん転がっています。**

ここまで読んでくれてありがとう。これが私から本書を読んでくださったあなたへ贈りたい、最後の言葉です。

株式会社エム・トゥ・エム　代表取締役　伊藤眞代

著者略歴

伊藤眞代 いとう・まこ

株式会社エム・トゥ・エム
代表取締役

神奈川県鎌倉市出身。保険外交員を経て、28歳で経営不振に陥った家業を救うべく3代目社長に就任。工場長を務める弟と二人三脚で自社ブランドを確立し、経営を再建させ「鎌倉カレー女王」と呼ばれる。47歳のときに脳梗塞で倒れ、生死の境に立たされたが、復帰を果たした。

強《つよ》くしなやかな女性《じょせい》になる50の言葉《ことば》

2024年9月26日 第1刷発行

著者 伊藤眞代《いとうまこ》

発行者 寺田俊治

発行所 株式会社 日刊現代
東京都中央区新川1-3-17 新川三幸ビル
郵便番号 104-8007
電話 03-5244-9620

発売所 株式会社 講談社
東京都文京区音羽2-12-21
郵便番号 112-8001
電話 03-5395-3606

印刷所
製本所 中央精版印刷株式会社

C0036

ISBN978-4-06-537198-5